상처를 품은 아빠, 남극에서 희망을 말하다

남극에서 쓴 아빠의 일기

오영식 지음

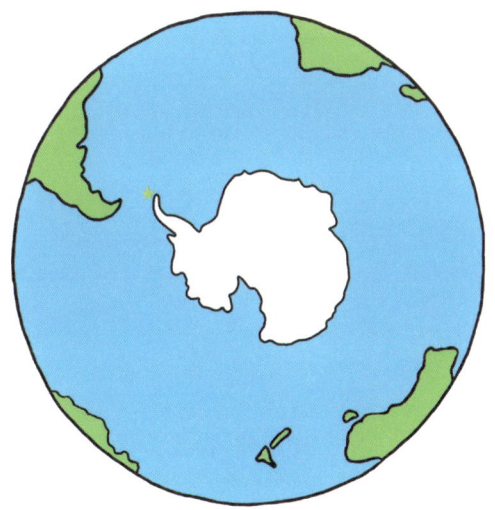

남극에서 쓴 아빠의 일기

prologue. 남극에서 쓰는 아빠의 편지   6

1부. 남극에서

1. 두 번째 남극, 차마 묻지 못한 한마디   12
2. 사춘기보다 먼저 찾아온 그리움   20

2부. 결핍과 성장

3. 아빠가 주고 싶은 두 날개   30
4. 나는 사랑만 물려주기로 했다   35
5. 너만의 계절을 찾아보렴   40
6. 사랑받지 못한 아빠가 꼭 지키고 싶은 약속   46
7. 튼튼한 몸으로, 더 먼 길을 가렴   53
8. 그래도 나는, 꿈을 버리지 않았다   58

3부. 직장과 상처, 그리고 아들

9. 이길 수밖에 없는 이유   66
10. 태풍, 세상 모두를 위한 바람이 되어라   73

11. 나를 떠나게 한 사람들 그리고 남은 한 사람   80
12. 그날, 나는 공무원을 그만두기로 했다   86
13. 오늘도 내일도, 너의 동생이고 싶다   91

4부. 아들과 세계로

14. 그날 밤, 아빠를 울린 너의 서툰 맞춤법   100
15. 누군가의 소원이 된다는 것   108
16. 아빠의 흰머리에 담긴 약속   115

5부. 삶과 죽음, 그리고 남은 꿈

17. 나는 아직 실패하지 않았다   124
18. 아직은, 네 곁에 더 있어야 하는 이유   130
19. 부끄럽지 않은 아버지로 산다는 것   137
20. 인생이여 만세!   142

epilogue. 그럼에도 불구하고, 살아가자!   148

그리고 지구 반대편의 기억들   154

postscript. 엄마에게   190

SEOUL	17,240KM
P.ARENAS	1,240KM
MT.VIDEO	3,060KM
B.AIRES	3,080KM
SANTIAGO	3,410KM
TOKYO	16,790KM
BEIJING	17,510KM

prologue. 남극에서 쓰는 아빠의 편지

prologue. 남극에서 쓰는 아빠의 편지

태풍아,
며칠째 살을 에는 눈보라가 몰아치더니, 오늘은 이곳에도 햇살이 살짝 비쳤단다.
지구 반대편에서 맞는 아침은 여전히 차갑고, 요란스러워.
이른 아침, 아빠는 바람 소리와 빙하가 깨지는 소리를 들으며, 또 하루를 시작했어.
그럴 때면 어김없이 아침에 일어나 아빠를 찾던 네 목소리가 그리워진단다.

남극세종기지에서 지낸 지도 벌써 반년이 넘었구나. 눈을 감으면 네가 아빠 품에 안겨 웃던 얼굴이 생생하게 떠오르고, 여섯 살 무렵 처음 자전거를 타던 모습도 떠오른다. 감기에 걸려 한밤중에 울며 아빠 품을 찾던 그날도 생생하단다.
그 모든 순간이 지금 이 적막한 얼음 세상에서 더 또렷하게 다가온다.

그러다 문득 눈을 뜨면, 네가 없는 이곳의 외로움이 다시 밀려오지. 그럴 때마다 생각해.

'지금, 네가 없는 이곳에서 나는 무엇을 남길 수 있을까.'

그래서 아빠는 글을 쓰기로 마음먹었단다. 너에게 전하고 싶은 이야기들, 그리고 언젠가 너도 꺼내볼 수 있는 이야기들을.

어느 날, 아빠 마음을 깊이 흔든 노래가 있어.
아비치(Avicii)의 「The Nights」.
He said One day you'll leave this world behind, So live a life you will remember.
(언젠가 너도 이 세상을 떠나게 될 거야, 그러니 기억에 남을 만한 삶을 살거라)

[유튜브 영상보기] →

아빠는 이 가사를 처음 들었을 때 가슴이 뛰었어. 그래, 바로 이런 삶을 너와 함께 살고 싶었거든. 아빠도, 너도 언젠가 이 세상을 떠나게 되겠지. 하지만 그전에 너만의 이야기를 남기고, 너만의 세계를 마음껏 살아가길 바란단다. 아빠는 많은 걸 가진 사람은 아니지만, 너에게 꼭 하나는 말해주고 싶어.

'사는 동안. 반드시 기억할 만한 삶을 살아라.'

남들이 정해준 길이 아니라, 너만의 시간표와 목소리로, 너만의 리듬으로 살아가렴.
이 책은 단순한 아빠의 이야기가 아니란다. 너에게 남겨주고 싶은, 아빠가 걸어온 시간이야. 언젠가 너도 어른이 되어, 삶의 길목에서 꺼내 볼 수 있는 너만을 위한 인생 노트이길 바란다.

아빠가 살아온 이야기들. 너에게 말해주고 싶었던 순간들. 그리고 네가 아직 몰랐던 아빠의 하루하루를 이 책 안에 담아보려고 해.

[14. 그날 밤, 아빠를 울린 너의 서툰 맞춤법]-중에서
"아빠, 진짜 많이 아파?"
"응... 아빠가 아파서 토한 거 본 적 없지? 그런데 아까 병원 앞에서 토했잖아."
"그래? 아빠 그러면 얼른 누워서 쉬어. 오늘은 나 혼자 놀게!"
러시아라는 낯선 나라. 아빠와 너, 단둘이 여행하던 그날.
아빠는 시베리아 한복판에서 쓰러져 있었고, 너는 아무도 없는 그곳에서, 밤새 틀린 맞춤법으로 아빠가 낫는 방법을 검색하고 있었지. 네 작고 여린 손이. 그날, 아빠를 지켜주고 있었단다.

[유튜브 영상보기] →

이제는 아빠가 너에게 말해줄 차례야. 너를 얼마나 사랑했는지, 어떻게 지켜주고 싶었는지, 그리고 우리가 함께 살아온 시간들이 얼마나 기적 같았는지를. 이 이야기는 너를 생각하며 남극에서 쓰는 아빠의 일기란다.

사랑해, 아들.
남극세종기지에서.
너를 그리워하는 아빠가.

1부. 남극에서

1. 두 번째 남극, 차마 묻지 못한 한마디

2022년 가을부터 이듬해 봄까지, 나는 아들과 함께 자동차로 4만 km를 달리며 40여 개 나라의 하늘과 길, 그리고 사람들의 미소와 온기를 마음에 담았다. 그건 여행이라기보다, 우리 둘만의 인생 수업이었다. 낯선 도시를 지나고, 시베리아의 끝없는 들판을 달리며, 우리는 참 많은 시간을 함께했다.

그 긴 여정을 마친 뒤, 우리는 다시 전남 화순의 평범한 일상으로 돌아왔다. 혼자 살림을 꾸리며 아이를 키우는 일이 가끔 버겁기도 했지만, 주말마다 함께 여행을 다니며 또 다른 추억을 쌓아갔다.

초등학교 4학년이 되던 해. 아들은 영어 공부를, 나는 스페인어 공부를 시작했다.
아들이 초등학교 6학년이 되면, 알래스카에서 우수아이아까지 아메리카 대륙을 함께 달려보자는 꿈을 꾸었기 때문이다. 그날을 위해 나는 틈틈이 스페인어를 익히고 있었다. 그러던 중, 문득 한 가지 생각이 스쳤다.
'스페인어를 배우기엔, 남극 세종기지가 정말 좋은 곳인데…'

2014년, 너의 첫울음이 세상을 울리던 그해. 나는 이미 지구의 끝, 남극 세종기지에서 얼음과 바람을 마주한 적이 있었다. 어릴 적부터 남극, 사막, 시베리아 같은 광활한 자연에 대한 동경이 있었다. 그 꿈을 좇아 기상청 예보관이 되었고, 몇 번의 도전 끝에 세종기지 대기과학 연구원으로 선발되어 마침내 남극 땅을 밟을 수 있었다.

세종기지가 위치한 남극 킹조지섬에는 여덟 개 나라가 상설 기지를 운영하고 있다.

러시아, 칠레, 중국, 우루과이, 아르헨티나, 폴란드, 브라질, 그리고 대한민국의 세종기지.

그중에서도 스페인어를 사용하는 나라들이 많아, 기지 생활 중 자연스럽게 스페인어를 접하고 사용할 기회가 적지 않았다. 그 시절의 기억이 떠오르자, 마음 한편에서 다시 남극으로 떠나고 싶은 바람이 조용히 고개를 들었다.

아들과 둘이 살아온 지도 어느덧 3년이 넘어 있었다. 물론 아들은 매주 하루는 엄마 집에서 지내며 충분한 사랑을 받고 있었지만, 그래도 사춘기가 오기 전, 엄마와 1년을 함께 보내는 것도 아이에게는 나쁘지 않겠다는 생각이 들었다.

조심스럽게 아들과 전 아내에게 이야기를 꺼냈다.

"태풍아. 아빠 남극에 1년 다녀와도 될까?"

"남극? 옛날에 아빠 갔던 데? 또 가?"

"응. 아빠랑 오래 살았으니까. 이번엔 엄마랑 1년 지내보는 건 어때?"

"엄마랑? 그래!"

아직 사춘기의 문턱에도 들어서지 않은 아들은 아무 걱정 없는 얼굴로 쾌활하게 대답했다. 그 모습을 보는 순간, 마음 한편이 뭉클해졌다. 늘 아빠 곁에서만 자란 아이에게, 엄마와의 시간도 소중한 추억이 되기를 바랐다. 물론, 나 역시 많이 망설였고 걱정도 됐지만, 아이에게도 또 다른 성장의 기회가 될 거라고 믿었다. 누군가는 내가 아이를 떠맡기듯 떠난다고 오해할지도 모르지만, 나는 나와 아들 모두를 위해서 더 멀리 내다보고 선택한 길이었다.

나는 곧바로 남극기지 월동대원 공개채용에 지원서를 넣었다. 물론 마음만 먹는다고 쉽게 갈 수 있는 곳은 아니었다. 남극에서 1년을 보내기 위해선 치열한 경쟁을 거쳐야 했고, 건강한 신체와 정신력, 전공 분야의 전문성까지 모두 갖춰야 했다.

지원서를 쓰는 내내 마음이 복잡했다. 아들과 떨어져야 한다는 불안함, 새로운 도전 앞에서의 긴장감, 그리고 무언가 끝내고 싶다는 절박함이 뒤섞였다. 하지만 마음 깊은 곳에선 이번 기회가 내게 꼭 필요하다고 느꼈다. 그리고 운이 따랐는지, 제38차 월동연구대원으로 최종 선발될 수 있었다.

2024년 11월 27일, 남극으로 떠나기 전날. 학교 앞 중국집에서 아들과 짜장면을 먹었다. 그리고 단골 책방인 〈책방오다〉에서 마지막 시간을 보냈다.

"태풍아. 아빠 간다. 이제 우리 1년 뒤에 다시 보는 거야."

"응, 그래."

"아빠 간다는데 아무렇지도 않네? 아빠를 사랑하는 거 맞아?"

"아니, 사랑해. 잘 다녀와."

평소 껌딱지처럼 나를 졸졸 따라다니며 친구처럼 붙어 다니던 아들이었다.

혹시 떠나는 날엔 울음을 터뜨리지 않을까 걱정했는데—남자애라서일까. 아들은 눈물 한 방울 흘리지 않았다. 오히려 그 담담한 모습 덕분에 나도 마음을 다잡고 작별 인사를 건넬 수 있었다.

[유튜브 영상보기] →

2024년 11월 28일.

열일곱 명의 대원들과 함께 프랑스 파리행 비행기에 올랐다. 목적지는 지구 반대편, 서울에서 17,240km 떨어진 남극 세종과학기지였다. 그곳에 닿기 위해선 여러 번 비행기를 갈아타야 한다. 프랑스 파리에서 칠레 산티아고, 다시 푼타아레나스로.

그리고 마지막으로 남극 킹조지섬까지, 총 네 번의 비행.

마지막은 '조디악'으로 불리는 고무보트였다. 이동시간만 무려 35시간이 걸려서야, 드디어 세종기지에 도착할 수 있었다.

세종기지는 열여덟 명의 월동연구대원이 지키고 있다. 대기, 생물, 지질, 해양, 고층대기 등 각자의 분야에서 온 연구원과 통신, 조리, 전기, 중장비 등 기술자들이 한 지붕 아래에서 1년을 함께 살아간다. 우리는 먼저 8일간, 1년 먼저 이곳을 지켰던 37차 월동대원들에게 인계인수를 받았다.

그리고 2024년 12월 11일.

공식 인계인수식을 치르면서, 본격적으로 기지 운영을 시작했다. 그날 우리는 손님용 숙소에서 월동대 숙소로 짐을 옮겼다. 그 순간부터, 남극 한복판에 자리한 이 작은 과학기지의 모든 시설과 운영이 우리 38차 월동대의 손에 맡겨졌다.

[유튜브 영상보기] →

세종기지는 남반구에 있다. 그래서 계절이 한국과는 정반대다. 이곳에서의 여름, 즉 '하계기간'은 12월부터 2월까지 이어지는데, 남극치고는 비교적 온화한 날씨가 계속된다. 이 시기가 되면 세종기지는 더욱 분주해진다. 전 세계에서 온 연구원들이 기지를 찾고, 건물과 발전기 같은 대형 설비의 보수공사도 집중적으로 이뤄진다.

이때 기지에 체류하는 사람들을 '하계대'라고 부른다. 이 시기 세종기지에는 30명이 넘는 하계대가 함께 생활하며, 기지는 그야말로 북적이는 작은 마을처럼 변한다.

우리 월동대의 기본 임무는 극지 연구와 기지 유지·보수다. 하지만 하계기간엔 그에 더해 하계대 지원까지 도맡아야 했다. 주말도 없고, 야간도 없었다. 정신없이 바쁘고, 숨 돌릴 틈 없는 날들의 연속이었다.

공식적인 나의 하루는 7시 30분 아침 식사로 시작된다. 8시 15분에는 간부회의, 8시 30분에는 전체 회의. 그리고 9시부터 본격적인 하루가 열리는데—하계대가 머무는 시기에는 내 일만 챙기기란 거의 불가능하다. 고무보트를 타고 해상 활동을 지원하거나, 일손 부족한 생물연구팀을 따라 펭귄마을에 가기도 한다. 주방에선 조리장을 도와 설거지도 하고 요리도 번갈아 맡는다. 또 유지반 대원들과 함께 시설물 보수 현장에 수시로 투입된다. 이곳에서의 하루는 그렇게, 남극의 거센 바람처럼 쉴 틈 없이 흘러간다.

게다가 나는 연구반을 총괄하는 연구반장 역할과 세종기지 웹진 〈눈나라 얼음나라〉 편집위원장 역할까지 맡고 있었다. 그야말로, 기지에서 벌어지는 거의 모든 일에 이름이 오르내리는 사람이었다. 하계기간의 내 하루는 말 그대로, 잠자는 시간만 빼고는 '홍길동'처럼 이곳저곳에 불려 다녔다. 고무보트에 탔다가, 펭귄 마을로 갔다가, 주방과 회의실을 오가고—하루의 끝엔 샤워도 못 한 채 쓰러지듯 잠들기 일쑤였다. 그런데 그런 날에도, 나는 어김없이 새벽 4시에 눈을 떴다. 그 시간은 바로, 한국에 있는 아들이 영어 수업을 마친 뒤 간식을 먹으며 잠깐 쉴 틈이 생기는 시간이기 때문이었다.

매일 새벽 4시.
나는 알람 소리에 눈을 비비며 일어나 통통 부은 얼굴로 핸드폰을 켰다. 그리고 화면 속 아들과 이야기하고, 아들이 좋아하는 게임도 잠깐 함께 했다. 힘든 하루의 시작이었지만, 그 짧은 시간은 나와 아들을 만나게 해주는 소중한 징검다리였다.

남극에 오기 전, 언젠가 또 다른 긴 여행이 시작될 그날을 위해 스페인어 공부도 하고, 남미 친구를 사귀자는 목표도 품었었다. 그리고 하나 더, 아들과 떨어질 이 시간을 결코 무심히 흘려보내지 않겠다고 다짐했다. 그래서 한국에 있을 때부터 마음먹었던 게 있다.

'매일 일기를 써서, 나중에 아들에게 보여주자.'

그 다짐은, 하루가 힘들수록 더 절실해지는 나 자신과의 굳건한 약속이었다.

한국을 떠나기 전, 나는 일부러 근사한 일기장을 골라 남극으로 가져왔다. 손때 묻은 다이어리 대신, 새하얀 종이로 꽉 채워진, 아들에게 보여주기 딱 좋은 그럴듯한 일기장.

월동대 숙소로 짐을 옮긴 첫날 밤, 방 안 책상에 앉아 일기장을 꺼냈다. 펜을 들고 첫 문장을 고민했다.

'무슨 말부터 시작해야 좋을까?'

하지만 몇 분 뒤, 나는 펜을 내려놓고 조용히 일기장을 덮었다. 아들에게 들려주고 싶은 말들이 너무 많았지만, 그 순간 몰려든 미안함과 그리움에 손이 떨려 단 한 글자도 써 내려갈 수 없었다. 그렇게 정성스레 고른 일기장은 결국 책장 한켠에서 먼지만 쌓여갔고, 쌓이는 먼지만큼 내 마음도 무거워졌다.

남극에 간다고 했을 때, 사람들은 가볍게 말했다.

"군대 가는 기분이겠네?"

하지만 군대와는 다르다. 그곳은 때때로 외출도 있고, 누구든 찾아올 수 있지만 남극은 아니다. 여기서는, 내가 가장 사랑하는 사람을 생일과 크리스마스에도, 365일 동안 단 한 번도 안아줄 수 없다.

사랑하는 사람이 있다는 건, 힘겨운 하루를 버티게 해주는 버팀목이 되기도 하지만, 그런 사람이 지구 반대편에 있을 땐 오히려 마음을 무너뜨리기도 한다.

아들 곁을 떠나 이곳에 온 지도 어느덧 200일이 넘었다. 그 긴 시간 동안, 매일 같이 아들과 통화를 해왔다. 매일 새벽 4시, 눈을 비비며 핸드폰 화면을 켜면 반가운 목소리가 건너왔다. 하지만, 통화를 마치고 전화를 끊을 때마다 늘 마음속에 맴도는 질문이 하나 있었다. 입술 끝까지 차올랐다가, 매번 삼켜버리는 말.

'태풍아… 아빠 안 보고 싶어?'

그 말 한마디를 꺼내는 순간, 먼저 무너지는 건 분명 나일 것 같았다. 그래서 나는 아무 말도 하지 못했다. 그저 매일, 아들 목소리를 들으며 하루를 버텼다.

아들아. 오늘도 너의 말 한마디에 웃고, 너의 웃음소리에 위로받는다. 말은 하지 않았지만, 아빠는 지금도 늘 같은 마음이야. 하루라도 빨리 네 곁으로 돌아가고 싶은 마음. 우리 둘 다 조금만 더 힘내자. 그리고 그날이 오면, 내가 제일 먼저 해줄 말은 정해져 있어.

"아빠. 너 정말로 많이 보고 싶었어."

2. 사춘기보다 먼저 찾아온 그리움

남극 남쉐틀랜드 제도, 킹조지섬.

남극반도 끝자락에 사람들이 모여 사는 섬이 있다. 바로 이곳, 킹조지섬이다. 이 작은 섬에는 무려 아홉 개 나라의 기지가 자리하고 있다. 러시아, 칠레, 중국, 우루과이, 아르헨티나, 폴란드, 브라질, 페루, 그리고 대한민국. 어쩌면 이곳은 '남극 속 작은 유엔'이라 불러도 좋을지 모른다. 다양한 나라에서 온 대원들이 서로 어깨를 나란히 하며, 얼음 위의 시간을 함께 견디고 있으니 말이다.

그중 페루의 '마추픽추 기지'는 남극의 여름철에만 문을 여는 하계 기지이고, 나머지 여덟 개 기지는 사계절 내내, 혹독한 겨울에도 대원들이 기지를 지키고 있다. 그리고 내가 살아가는 이곳, 대한민국 세종기지도 바로 그중 하나다.

킹조지섬은 남극 반도보다 더 북쪽, 남위 62도 부근에 자리하고 있다. 남극 대륙에서 몰려오는 찬 공기와 바깥 세계의 따뜻한 공기가 맞부딪히는 경계. 그래서 이곳은 남극에서 가장 먼저 뜨거워지는 곳이기도 하다. 남극에서 가장 뜨거워져 빙하가 제일 먼저 녹는 곳. 그래서일까. 이 섬은 남극의 변화, 그리고 지구의 미래를 가장 먼저 감지할 수 있는 '기후 변화의 최전선'이라 불린다.

2024년 12월 3일.

10년 만에 다시 온 세종기지. 그날, 나는 사막을 떠올렸다. 땅은 갈라지고, 눈은 자취를 감췄다. 그리고 문득, 마음속에 이런 생각이 스쳤다.

'아… 이러다 정말, 몇 년 안에 여기 빙하도 다 녹아버리는 거 아닐까?'

2014년 처음 이곳에 발을 디뎠던 그때와 비교하면, 지금의 풍경은 너무나 달라져 있었다. 그해 남극의 여름, 12월의 세종기지는 여전히 남극다웠다. 기지 주변엔 눈이 수북이 쌓여 있었고, 발을 디딜 때마다 뽀드득 소리가 났다. 가끔 비라도 내리는 날이면 대원들끼리 "와, 남극에 비가 오다니" 하며 놀라워했던 기억도 생생하다. 그런데 지금은, 그런 '비'조차도 반가운 날씨가 되어버렸다. 이번 여름에 눈을 본 기억이 가물가물하다. 비라도 내리면 다행이라 여겨질 정도로, 이곳은 이제 말라가고 있다.

10년 만에 다시 남극에 오기까지는, 말 못 할 이유가 많았다. 그래서 마음속으로 다짐했다. 이번엔 내가 본 모든 것을 기록해, 아들에게 꼭 보여주겠다고. 하지만 막상 펜을 들면 손이 멈췄다. 아들 생각이 밀려오고, 그리움이 번져와 도무지 글씨를 쓸 수가 없었다.

세상에 자식을 사랑하지 않는 부모가 있을까. 다만, 그 사랑을 드러내는 방식과 크기가 사람마다 다를 뿐이다. 나는 때로, 아들을 너무 사랑한 나머지 허세처럼 보일 만큼 자신만만했다. 아들을 향한 내 마음은, 그 누구보다 크고 깊다고 믿었으니까. 그렇게 사랑하는 아들이었다. 그런 아들을 한국에 떼어두고 지구 반대편, 남극으로 날아온 나였다.

사연이야 많았다. 하지만 어떤 이유도 내 마음을 온전히 위로해주진 못했다. 그래서 일기장을 덮었다. 그 대신, 일부러 사람들 틈에 섞여 지냈다. 농담도 하고, 마냥 즐거운 사람인 척 웃으며 하루하루를 버텼다. 다행히, 아들도 아직 이별이 뭔지 깊이 알지 못하는 듯했다. 매일 통화는 하지만, 친구들이랑 놀다가 전화를 못 받았다고 투정 부리고, 조금만 얘기가 길어지면 "이제 끊자~"라며 바쁘다던 아이. 그런 모습이 오히려 다행스럽게 느껴졌다. 그래서 매일 일기를 쓰진 못해도, 이곳에서 내가 본 것들, 두 번이나 머문 남극의 풍경과 이야기만큼은 꼭 남겨주고 싶었다. 아들에게, 그리고 나 자신에게.

내 방 창문은 북쪽을 향해 있다. 창 너머로는 위버반도와 마리안소만의 눈부신 빙하가 선명하게 보인다. 매일 아침, 태극기가 어떤 방향으로 휘날리는지를 보며 오늘 날씨를 짐작한다. 창문을 세게 두드리는 바람이 불면, 오늘은 북풍이구나 싶다. 남반구에서 북풍은 따뜻한 공기다. 그 말은 곧, 빙하가 또 한 걸음 물러선다는 뜻이기도 하다.

내가 생활하는 본관 건물을 나서면, 마리안소만으로 향하는 아침 산책이 하루의 시작이 된다. 기지에서 조금 떨어진 곳에 내 일터가 있다. 나는 매일, 그곳으로 가 남극의 대기 관측 연구를 시작한다. 매일 같은 길이지만, 풍경은 하루하루 달라진다.

아들아, 너는 이런 출근길을 상상할 수 있을까. 발밑은 뜨거운 아스팔트가 아니라 차디찬 얼음이고, 가로수 대신 빙하를 마주하며 걷는 길 말이야. 하루가 다르게 따뜻해지는 기온에, 매년 수십 미터씩 뒤로 물러서는 빙하. 그런 시한부의 빙하를 마주하며 걷는 아빠의 마음을.

오늘은 출근길 위에 귀여운 해표 한 마리가 느긋하게 누워 있다. 말없이 나를 바라보는 그 눈빛에 괜히 말을 건네본다.

'안녕! 너 우리 아들이 보면 참 좋아할 텐데.'

그래서 나는 오늘도, 카메라 셔터를 누른다. 너에게 보여주고 싶은 이 풍경을, 내가 머문 이 순간을, 하나도 놓치지 않기 위해.

세종기지에서 멀지 않은 곳에 '펭귄 마을'이라 불리는 곳이 있다. 그곳은 말 그대로 펭귄들의 세상이다. 남극의 신사라 불리는 젠투펭귄과 턱끈펭귄, 무려 5천 쌍이 넘는 부부 펭귄들이 나란히 둥지를 짓고 살아간다. 11월이면 알을 낳고, 12월부터 본격적인 부화가 시작된다. 그리고 2~3월이 되면, 부모 펭귄은 아기 펭귄들을 데리고 더 따뜻한 북쪽으로 이동한다.

그 시기에 펭귄 마을에 가면 볼 수 있다. 솜털로 뒤덮인 아기 펭귄들이 아장아장 걸어와 서로를 비벼대며 노는 모습을. 그 작고 귀여운 생명들이 세상에 나온 순간을 지켜보는 일은, 참으로 경이롭다. 펭귄은 보통 두 개의 알을 낳아, 엄마, 아빠가 교대로 품는다. 한 마리는 알을 품고, 다른 한 마리는 바다로 나가 크릴을 배불리 먹고 돌아온다. 아기 펭귄이 알에서 부화하고 나면, 엄마, 아빠 펭귄은 먹은 것을 토해 아기 펭귄에게 먹인 뒤, 다시 교대하며 살아간다.

하지만 마을을 천천히 돌아다니다 보면, 어딘가 유난히 지저분한 펭귄이 눈에 들어올 때가 있다. 다닥다닥 붙어 있는 둥지 사이, 옆집 펭귄이 싼 똥에 뒤덮인 채 그대로 둥지를 지키고 있는 펭귄 말이다. 사실 그건, 짝이 바다에 나갔다가 끝내 돌아오지 못한 펭귄일 가능성이 크다. 남겨진 펭귄은 혼자서는 도저히 아기를 살릴 수 없다. 바다로 나가야 크릴을 먹고 배를 채울 수 있지만, 둥지를 비우면 새끼는 혼자 버틸 수 없다. 그래서 결국, 그 둥지의 생명은 함께 끝을 맞게 된다. 안타깝지만, 그 또한 자연의 질서다. 나는 그런 순간 앞에서도 카메라를 든다. 슬프지만, 그 모습까지 기록해야 한다고 믿기 때문이다. 자연의 아름다움과 잔인함, 그 둘은 세찬 바람과 눈이 뒤섞여 몰아치는 블리자드처럼 늘 함께 다가온다.

칠레 기지를 방문해 빙하 동굴을 탐험할 때였다. 함께 간 대원들 중에는, 가까운 우루과이 기지에서 온 사람도 있었다.

"안녕하세요? 저는 오영식이라고 합니다. 세종기지에서 왔습니다. 어디에서 오셨어요?" "저는 초피(Chopi)라고 합니다. 우루과이 기지에서 왔어요."

처음엔 평범한 인사였지만, 대화를 나누다 보니 서로 놀랄 만한 사실을 알게 되었다.

"남극은 이번이 처음인가요?"

"아뇨, 세 번째입니다."

"저는 두 번째예요. 10년 만에 다시 왔어요."

"어, 저도 10년 전에 이곳을 처음 왔었는데요."

순간, 휴대폰 앨범을 뒤적였다. 10년 전, 우루과이 기지에서 찍은 사진 한 장이 있었다.

나는 우루과이 대원에게 사진을 보여주며 말했다.

"이게 저예요."

그러자 옆에서 화면을 들여다보던 초피란 이름의 대원이 웃으며 손가락으로 가리켰다.

"어? 이건 저인데요?"

둘 다 놀랐다. 10년 전, 같은 공간, 같은 시기, 같은 프레임 안에 있었던 사람들이 지금 다시, 전혀 다른 상황에서 마주한 것이다. 순간, 묘한 감정이 밀려왔다. 남극이라는 고립된 공간에서, 10년 전 함께 있었던 사람을 우연히 다시 만난다는 건 그 자체로 하나의 기적처럼 느껴졌다. 짧은 인사였지만, 오래도록 마음속에 따뜻한 잔상이 남았다.

[유튜브 영상보기] →

그 여운도 잠시, 다시 마주한 건 남극이라는 외롭고 단절된 현실이었다. 한국은 곧 대통령 선거를 앞두고 있었다. 어른이 된 뒤 한 번도 빠짐없이 투표를 해 온 나였다. 그런데 남극에서는, 그 권리를 행사할 수 없다는 사실이 너무 안타까웠다. 혹시 다른 방법은 없는지 알아보려 인터넷을 뒤지고, 선관위에도 전화를 걸었다. 하지만 돌아온 답은 단호했다.

"남극에선, 현재 투표가 불가능합니다."

허탈했지만, 이해는 됐다. 하지만 그저 포기하고 싶지는 않았다. 나는 신문사에, 그 아쉬움을 담은 기사를 썼다. 그 글이 무언가를 바꾸진 못했지만, 그래도 '무언가를 바꾸려 노력한 아빠'의 모습을 아들에게 보여주고 싶었다.

[유튜브 영상보기] →

태풍아, 우리가 누리는 자유는 그냥 주어진 것이 아니란다. 작은 종이 한 장, 한 사람의 선택이 모여 세상을 조금씩 바꿔왔다는 걸 기억해 줬으면 한다. 그리고 언젠가 네가 그 한 표를 행사하게 되는 날. 그게 얼마나 소중한 권리인지, 오늘 이 아빠의 아쉬움 속에서 조금은 느껴줬으면 좋겠다.

내 하루하루는 이렇게 고립된 현실에 버겁지만, 이곳에서만 볼 수 있는 하얀 빙하와 드넓은 설원이 다시 하루를 견디게 해준다. 누구나 쉽게 닿을 수 없는, 남극이란 땅에서 나는 내가 얼마나 특별한 시간을 살고 있는지를 매일 스스로 되새기며 버티고 있다.

처음엔 괜찮았다. 아직 어린 아들이 아빠의 빈자리를 크게 느끼지 않는 듯했으니까. 전화를 걸면, 친구들과 놀고 있어서 바쁘다며 투정 부리던 모습에 오히려 안도했다.

'그래, 이 아이는 지금 이 시간을 잘 견디고 있구나.'

그런데 시간이 흐르고, 우리가 헤어진 지 일곱 달쯤 되었을 무렵이었다. 친구들이 타는 자전거를 사달라고 조르던 아들이, 문득 이렇게 말했다.

"아빠, 언제 와~"

순간, 가슴이 덜컥 내려앉았다. 그 말은 아주 짧았지만, 그 안에 담긴 그리움은 결코 짧지 않았다. 아직도 여섯 달이나 남았는데, 벌써부터 아빠를 기다리는 그 마음을 어떻게 위로해줘야 할까. 지금 당장이라도 달려가 와락 안고, 목말을 태워주고 싶은 심정이었다.

나는 바랐다. 이번 1년이, 아빠와 아들 모두에게 성장의 시간이 되기를. 아들은 조금 더 단단해지고, 나는 조금 더 멀리서 바라볼 수 있는 어른이 되기를. 하지만 이 녀석, 내가 걱정했던 사춘기보다 그리움이 먼저 찾아왔다. 그리고 나는, 더 깊은 사랑에 빠지고 말았다.

'천생연분'

이런 감정으로 누군가를 사랑했더라면, 아마 인생이 조금 달라졌을지도 모르지. 하지만 어쩌겠나. 결혼도 할 수 없는 내 아들 녀석을 보며 이렇게 홀딱 빠져버린 아빠의 마음을.

"아들아. 아빠는 네가 그리울 틈도 없이 늘 네 생각뿐이다."

SEOUL   17,240KM
P.ARENAS 1,240KM
MT.VIDEO 3,060KM
B.AIRES   3,080KM
SANTIAGO 3,410KM
TOKYO   16,790KM
BEIJING   17,510KM

2부. 결핍과 성장

3. 아빠가 주고 싶은 두 날개

2024년 6월.

어제는 아들의 손을 잡고, 가까운 복싱 체육관에 다녀왔다. 이제 다음 주부터 아들이 이곳에서 본격적으로 운동을 시작한다. '천사체육관'. 이곳은 꽤 이름난 곳이다. 파리올림픽에서 한국 여성 최초로 동메달을 딴 임애지 선수를 비롯해, 수많은 훌륭한 선수를 배출한 곳이다. 아들과 함께 등록을 마치고 체육관 곳곳을 천천히 둘러보았다. 매트 위에서 땀을 뻘뻘 흘리며 연습 중인 선수들의 모습이 눈에 들어왔다. 아들도 글러브를 끼고 훈련하는 또래 아이들을 유심히 바라보더니, 어느새 눈빛이 반짝였다. 등록을 도와주신 사범님께 인사를 드리고 체육관 문을 나서는데, 마치 오래 미뤘던 숙제를 끝낸 아이처럼, 내 발걸음도 한없이 가벼웠다.

내가 어릴 적, 우리 아버지는 원양어선을 타셨고, 잠시 귀국한 뒤에는 이름도 모를 중동의 건설 현장에서 일하셨다. 나는 엄마, 누나와 함께 흙벽으로 지은 10평 남짓한 작은 집에서 살았다. 엄마는 아침 7시면 통근버스를 타고 나가, 해가 질 무렵에 집으로 돌아오셨다. 기억은 잘 나지 않는다. 나중에 들은 이야기에 따르면, 내가 세 살 때부터 그런 삶이 시작되었다고 한다. 그래서 나는 어린 시절, 엄마와 아빠의 품이라는 걸 거의 알지 못한 채 자랐다. 우리 엄마와 아빠는 내게 단 한 번도 이렇게 말해주신 적이 없다.
"영식아, 사랑한다."
"영식아, 잘했어."
"영식아, 예쁘다."

충청도 산골짜기에 살던 나는, 유치원이나 어린이집 대신 교회에서 운영하는 유아원을 다녔다. 점심을 먹고 나면 오후 1시나 2시쯤 집으로 돌아왔다. 텅 빈 집에서 해가 질 때까지, 나는 혼자서 '울다 잠들다'를 반복하곤 했다. 두 살 터울의 누나가 있었지만, 그 무렵부터 철없이 동생을 내버려두고 친구들과 놀러 다녔다. 그래서 집에는 늘 나 혼자였고, 엄마, 아빠의 품이 그리운 줄도 모르고 자랐다. 그 나이에는 점심과 저녁 사이에 간식을 먹어야 한다는 것도 몰랐고, 배고픔은 스스로 해결해야만 했다. 그렇게 어떻게든 살아내며 국민학생이 되었다.

그 시절엔 놀거리가 많지 않았다. 그래서 또래 친구들은 서로의 집을 오가며 이런저런 놀이로 시간을 보냈다. 그중에서도 어른이 없는 집은 자연스럽게 친구들의 사랑방이 되곤 했다. 우리 집도 그랬다. 동네 친구들뿐 아니라 형, 누나, 동생들까지 자주 들락거렸고, 짓궂은 장난도 참 많이 치곤 했다.

아주 어릴 땐 몰랐지만, 점점 자라면서 알게 된 사실이 하나 있다.
'집에 아버지가 없다는 건 이런 거구나.'
영식이네 아버지란 분은 어디 먼 곳에 가셔서 몇 년째 얼굴을 보지 못했고, 엄마는 낮 동안 집에 계시지 않았다. 그러니 형들뿐 아니라 주변 친구들도 나를 쉽게 무시했고, 괴롭히기 일쑤였다. 못된 형들은 성인 비디오를 우리 집으로 가져와 보거나, 하지 말아야 할 장난을 서슴지 않았다. 나는 어려서 무서웠지만, 반항할 용기도 없었고 누구에게 도움을 청할 사람도 곁에 없었다. 동네 형들에게 시달리다 보면 어느새 해는 저물고, 엄마가 돌아오셨다. 그러면 엄마는 '집 안 청소는 왜 안 했니?', '마당은 또 안 쓸었구나'하며 꾸짖었고, 매일같이 자두처럼 작은 내 두 볼을 세게 내리치셨다.

지금 생각해 보면, '이제 막 7살, 8살 된 아이에게 무슨 청소와 설거지를 맡기냐?'며 따지고 싶지만, 그땐 그냥 내가 잘못해서 맞는 줄로만 알았다. 그리고 무섭게 때리던 엄마라도, 집에 계시기만 하면 그게 오히려 마음이 놓였다.

그러다 국민학교 1학년이 끝나갈 무렵, 아버지가 외국에서 돌아오셨고, 그때 처음으로 바나나라는 과일을 보았다. 나는 아버지가 사 오신 바나나를 들고 동네 친구들에게 자랑했다.
"이거 우리 아빠가 사 온 거야~"
그런데 친구들이 짓궂게 장난을 치다 그 바나나를 땅에 떨어뜨렸다. 그게 얼마나 속상하던지, 나는 흙 묻은 바나나를 손으로 얼른 주어 물에 씻어 먹었다. 그 순간, 마음 깊은 곳에서 처음으로 '행복하다'는 감정이 피어올랐다. 말로만 듣던 아빠가 나에게도 생겼기 때문이다. 하지만, 그 행복은 오래가지 못했다. 얼마 뒤, 아빠와 엄마는 헤어지셨다.

나는 국민학교 2학년 무렵부터 아빠와 함께 살게 되었다. 그때부터 동네 친구들이나 형들은 더 이상 나를 함부로 대하지 못했다. 이제 영식이네 집엔 늘 아빠가 계셨기 때문이다. 하지만, 처음 느낀 누군가에게 보호받고 있다는 기분도 그리 오래 가지 못했다. 언제까지나 내 곁에 있을 줄만 알았던, 나만의 '무적의 방패' 같던 아빠는 국민학교 5학년 때 교통사고로 갑자기 세상을 떠나셨다. 그리고 나의 어린 시절은 다시, 방패 없는 삶으로 되돌아갔다.

나는 부모님과 여행다운 여행을 가본 기억이 없다. 그나마 유일한 소풍이라면, 집에서 한 시간 거리의 천안 독립기념관에 가본 게 전부였다. 그게 내 인생에서 부모님과 함께한 유일한 나들이 추억이다.

그래서 지금 아들과 단둘이 살고 있는 나는 그때의 기억을 자주 떠올리며 다짐한다.

'한 번이라도 더 사랑한다고 말해주자.

한 번이라도 더 안아주자.

손잡고, 많이 놀러 다니자.'

지금 우리 부자의 아침은 늘 이렇게 시작된다. 내가 아침 준비를 하고 있으면, 기상 알람 소리에 일어난 아들은 제일 먼저 아빠를 찾는다.

"아빠~"

"왜? 얼른 일어나!"

"아빠아~"

"왜~? 아빠 아침하고 있어"

"얼른 이리 와봐"

"왜?"

"얼른 안아주기, 뽀뽀~"

"알았어. (토닥토닥) 쪽~"

어려서부터 아빠, 엄마의 사랑을 듬뿍 받고 자란 아들은 초등학교 4학년이 된 지금도 하루에 수차례 내게 뽀뽀를 하고 포옹을 한다. 그리고 아들인데도 애교가 많아 하루에도 몇 번씩 "사랑해"라는 말을 건네고, 그 말을 듣는 걸 무척 좋아한다. 그래서 딸 가진 친구들이 별로 부럽지 않다. 이런 아들에게, 나는 꼭 가르치고 싶은 것이 있다. 바로 '영어 회화'와 '복싱'이다. 영어는 학교 성적을 올려 명문대에 보내기 위한 공부를 말하는 게 아니다. 세계무대에서 다른 나라 사람들과 자유롭게 어울리고 대화할 수 있도록, 세상과 소통할 수 있는 진짜 언어를 알려주고 싶다. 아빠가 가진 건 많지 않지만, 그래도 내 아들로 태어났으니. 이번 달엔 뉴욕, 다음 달엔 파리, 그 다음 달엔 상파울루…

네 무대는 코딱지만 한 서울이 아니라, 마음껏 전 세계로 펼쳐지길 바란다.

우리 아들은 어려서부터 아토피와 식이 알레르기 때문에 네 살까지 우유와 고기를 먹지 못했다. 그래서 지금도 또래보다 키가 한 뼘쯤 작다. 어느 날, 학교 앞 건물 2층에서 내려다보고 있을 때였다. 같은 반의 덩치 큰 친구가 아들에게 심한 욕설을 퍼붓는 모습이 눈에 들어왔다. 그런데 아들은 한마디도 하지 못한 채 그대로 서 있었다. 그 모습을 보는 순간, 가슴이 철렁 내려앉았다. 그때, 문득 아버지 없이 자라던 내 어린 시절이 떠올랐다. 키도 작고 말수도 없던 나는 동네 형들한테 자주 맞고 놀림을 받았다. 그땐 누구 하나 내 편이 없었다.

다음 날, 나는 아들의 손을 잡고 복싱 체육관으로 향했다. 언젠가는 운동을 시켜야겠다고 마음먹었지만, 아직은 작은 체구 탓에 막상 언제 시작할지는 망설이고 있었다. 그런데 그날, 결심은 단번에 섰다. 내가 언제까지나 아들을 지켜줄 수는 없으니까. 그래서 스스로를 지킬 수 있도록 꼭, 복싱을 배우게 하고 싶었다.

'아들아. 언젠가 아빠가 곁에 없어도 영어와 복싱이라는 두 날개를 달고. 스스로를 지키며 세상 어디든 자유롭게 날아가렴.'

4. 나는 사랑만 물려주기로 했다

　1986년, 국민학교 1학년 운동회 날이었다. 설레는 마음 때문인지, 그날 아침은 유난히 일찍 눈이 떠졌다. 괜히 기분도 들뜨고, 모든 게 조금은 특별하게 느껴졌다. 그런데 운동장에 들어서는 순간, 나도 모르게 어깨가 움츠러들었다. 운동장 여기저기서 돗자리가 펼쳐지고, 온 가족이 둘러앉아 김밥을 나누는 모습이 눈에 들어왔다. 아빠, 엄마, 할아버지, 할머니까지 가족들이 삼삼오오 모여 웃고 있었다. 그 풍경 한가운데서 우리 집은 조금 달랐다. 엄마 혼자 오셨고, 도시락도 평소 집에서 먹던 흰밥에 반찬 몇 가지가 전부였다.

　물론 엄마는 나름대로 신경 써서 싸 오신 도시락이었다. 평소 보기 힘들었던 돼지불고기가 도시락 한쪽에 조금 담겨 있었으니까.

　그때 나는 몰랐다. 그 도시락에 담긴 엄마의 마음 같은 건, 어린 나로선 알 수 없었다. 그저 남들처럼 알록달록한 김밥이 없다는 사실이 창피하기만 했다.

　"엄마, 우린 김밥 없어?"

　나는 조심스레 물었다. 엄마는 어딘가 언짢은 얼굴로 퉁명스럽게 말했다.

　"야, 이게 더 맛있는 거야. 그냥 먹어."

어릴 적, 나보다 한 살 어린 종석이라는 동생이 옆집에 살았다. 종석이네 집은 우리보다 훨씬 잘살았다. 우리는 담장도 없는 집에 살았기 때문에, 바로 옆에 살던 종석이네 집안을 훤히 들여다볼 수 있었다. 그 집에서는 늘 맛있는 음식 냄새가 풍겼고, 부엌에서 나는 고소한 향기는 어린 나를 유난히 자극했다. 가끔 종석이 어머니는 남은 음식을 우리에게 나눠주시곤 했는데, 그중에서 유독 기억에 남는 음식이 있었다. 따뜻한 흰죽이었는데, 잘 먹다 보면 푹 익은 마늘도 있었고 참 맛있었다. 그래서 어느 날 엄마에게 말했다.

"엄마, 종석이 엄마가 주신 마늘죽 너무 맛있어요."

그러자 엄마는 버럭 화를 내며 말했다.

"조용히 해!"

그때는 왜 엄마가 화를 내셨는지 몰랐다. 지금 돌아보면, 엄마 마음이 복잡하셨던 것 같다. 사실 그건 '마늘죽'이 아니라 백숙을 먹다 남긴 죽이었다. 고기는 다 건져 먹고 남은 국물에 밥을 말아, 마늘 몇 알만 덩그러니 남은 죽. 그걸 순진하게 '마늘죽'이라고 말한 내 한마디가, 엄마에겐 민망하면서도 우리에게 미안하게 들렸을 것이다. 아무튼 나는 꽤 오래도록 그 요리 이름이 진짜 '마늘죽'인 줄 알고 자랐다. 그 시절, 우리 집엔 누군가 가끔 남겨주는 '마늘죽'조차 고마운 한 끼였다.

가난 때문이었을까. 어린 내 눈에는 엄마가 늘 화가 나 있는 사람처럼 보였다. 아무 말 없이 계셔도 얼굴에는 늘 짜증이 깃든 듯했다. 누군가 집에 찾아오면 어김없이 하소연을 쏟아내셨다.

"쟤는 원래 안 낳으려고 했는데 실수로 생겼어요. 낳지 말았어야 했는데..."

나는 두 살 위 누나가 한 명 있다. 엄마는 하나만 낳았으면 그나마 살림이 조금은 나았을 텐데, 내가 태어난 바람에 삶이 더 고달파졌다고 했다. 그 말은 참 많이도 들었다.

그래서 나는 어릴 때부터 늘 '태어나지 말았어야 할 아이', '실수로 생긴 아이'라는 딱지를 가슴에 품고 자랐다. 그게 얼마나 가슴 아픈 말인지도 몰랐고, 다른 친구들도 그런 말을 들으며 사는 줄 알았다. 우리 엄마는 내게 "영식아, 사랑한다", "잘했어", "예쁘다" 같은 말을 한 번도 해주신 적이 없다. 그래서 정말로 엄마가 나를 미워한다고 믿었고, 항상 눈치를 보며 살았다.

국민학교 1학년 말, 그렇게 가난했던 집에 아버지가 돌아오셨다. 하지만, 가난 때문이었는지, 아니면 긴 시간 떨어져 지낸 탓이었는지, 얼마 지나지 않아 부모님은 자주 싸우기 시작하셨다. 그리고 2학년이 되던 해, 결국 엄마는 집을 나가셨다.

얼마 후엔, '새엄마'라는 분이 우리 집에 오셨다. 하지만 그분은 나를 자식으로 받아들이기보단, 그저 '같이 사는 아이' 정도로만 여겼던 것 같다. 아빠는 일하느라 늘 바빴고, 새엄마는 학교 행사 같은 데엔 전혀 관심이 없었다. 그때부터 나는 운동회에도, 소풍에도 늘 혼자였다.

운동회 날이면 친구들 옆자리에 슬그머니 앉아 김밥을 한두 줄 얻어먹는 게 전부였다. 혼자 돗자리를 펴는 건 민망했고, 혼자 밥을 먹는 시간은 더 괴로웠다. 소풍이나 운동회는 내게 축제라기보다, 그냥 빨리 끝났으면 싶은 고역 같은 날이었다. 그래도 다행인 건, 아주 시골에서 자란 덕분에 나처럼 형편이 비슷한 친구들이 반에 몇 있었다는 점이었다.

그 친구들과는 유난히 마음이 잘 통했다. 점심시간이면 학교 앞 구멍가게로 달려가 제일 저렴한 사발면 하나씩 사 먹으며 끼니를 때웠다. 우리는 서로를 사발면 이름으로 부르며 깔깔 웃곤 했다. 지금 돌아보면 참 짠한 풍경인데, 그 시절엔 그마저도 나랑 어울릴 수 있는 친구가 있다는 게 좋았다.

나중에 공무원이 되고 어느 정도 자리를 잡은 뒤, 다시 만난 엄마에게 어릴 적 이야기를 조심스레 꺼낸 적이 있었다. 그때도 엄마는 이렇게 말씀하셨다.

"엄마는 네 나이 때 학교도 못 가고 밭일했어. 그 고생에 비하면 너는 양반이지."

엄마는 학교 문턱조차 밟아보지 못하셨다. 학교에 갈 나이부터 밭으로 나가 일을 해야 했고, 외가 어른들은 그걸 당연한 일로 여겼다. 그래서 엄마가 겪으신 고생스러운 삶은 나도 잘 알고 있다. 하지만 내가 꺼낸 이야기는, 그런 이야기를 듣고 싶어서가 아니었다.

어쩌면...

'그래, 그랬었지. 미안해. 그땐 엄마도 너무 힘들었어. 우리 아들... 내가 더 안아주고 사랑한다고 말해줬어야 했는데.'

그런 말을, 한 번쯤... 기대했던 것 같다. 하지만 시골에서 자라고 평생 돈 걱정 속에 살아오신 엄마는, 손주를 보는 지금까지도 그런 말은 한 번도 하지 않으셨다.

오히려 그래서일까. 나도 엄마처럼 아니, 엄마보다 힘든 어린 시절을 보냈지만, 나는 아들에게 매일 이렇게 말한다.

"사랑해." "우리 태풍이 최고야."

그리고 아들과 함께 걸을 때는 꼭 손을 잡는다. 틈만 나면 안아주고, 눈을 마주치며 웃어준다. 세상에 단 하나밖에 없는, 내 소중한 아들이니까.

내가 항상 아들과 함께 다니는 걸 본 사람들은 말한다.

"지금만 그래. 곧 사춘기 오면 냉랭해져. 옆에 붙어 다니지도 않고, 사고도 치고, 나중엔 돈만 달라 그래. 너무 정 주지 마. 애들 다 똑같아."

그럴 수도 있겠지. 하지만 나는, 이 아이를 키우며 한 번도 나중에 돌려받겠다는 생각을 한 적이 없다. 내가 바라는 건 단 하나. 지금 이 예쁘고 찬란한 시기에, 아빠의 사랑을 마음껏 받으며 자라는 것. 사춘기가 와서 나를 밀어내고, 어느 날 갑자기 "귀찮아" 한마디 툭 던지며 문을 닫아버린다 해도, 괜찮다. 그 또한 이 아이의 시간이고, 그 흐름을 내가 막을 수는 없다. 나는 그저, 지금 후회 없이 사랑하고 있을 뿐이다.

나중에 어떤 일이 닥치든, 지금 이 순간만큼은 내가 후회하지 않도록 최선을 다하고 싶다. 어릴 적, 사랑을 받지 못했다고 해서 내 아이에게도 꼭 그렇게 해야 되다는 법은 없다. 내가 받지 못한 건 어쩔 수 없지만, 내가 주는 사랑은 온전히 내 몫이고, 내 책임이다. 그래서 나는 아들이 조금이라도 외롭거나 지쳐 보이면, 두 눈을 마주 보며 꼭 이렇게 말해준다.

"태풍아, 아빠가 너를 얼마나 간절히 기다렸는지 알아? 정말 힘들게 너를 만났어. 넌 아빠한테 세상 그 어떤 것보다 소중한 보물이야. 그러니까 나중에 커서 누가 너한테 나쁜 말을 하든, 사회에 나가서 실수로 돈을 다 잃든, 어떤 일이 있더라도 절대 걱정하지 마. 그냥 아빠한테 오면 돼. 아빠는 너 하나면 충분하니까. 아빠는 언제나 널 기다리고 있어. 넌 그저 세상을 즐기고, 마음껏 행복하게 살아. 아빠는 어디서든 널 지켜보고 있을 거야."

그리고 난 조용히 덧붙인다.

"태풍아. 넌 사랑받기 위해 태어난 아이야. 세상에 어떤 어둠이 와도 두려워하지 마. 아빠가 평생 너를 지켜줄 거야. 그러니 너는 그저 너답게, 씩씩하게 살아가면 돼."

5. 너만의 계절을 찾아보렴

나는 어릴 적 공부를 잘하지 못했다. 아빠는 내가 기억도 나지 않던 어린 시절부터 원양어선을 타시거나, 중동의 건설 현장에서 막노동을 하셨다. 엄마는 내가 세 살 무렵부터 공장에 다니느라 새벽같이 나가 밤늦게야 돌아오셨다. 그런 환경에서 내 숙제를 봐주거나 공부를 챙겨줄 사람은 아무도 없었다. 게다가 국민학교 2학년 무렵, 부모님은 이혼하셨다. 나는 아빠랑 살게 되었고, 얼마 지나지 않아 '새엄마'라는 사람이 우리 집에 들어왔다. 처음엔 어색했지만, 그래도 '엄마'라고 부르며 재롱도 부렸다. 하지만 학교에서 돌아오면 그분은 늘 술에 취해 있었다. 나는 이유도 모른 채 대낮부터 술심부름을 해야 했고, 무릎을 꿇은 채 술주정을 들어야 했다. 그러다 밤 10시쯤이면 어김없이 폭언과 폭행으로 끝이 났다.

그런 생활을 하다 보니, 학교 성적이 좋을 리가 없었다. 국민학교 성적표에는 늘 '가'가 줄지어 있었고, 그 사이에 하나 끼어 있는 '미'는 남들에겐 별거 아니었겠지만, 내겐 구명줄처럼 느껴졌다. 담임선생님이 써놓은 생활기록부의 평가는 늘 같았다.

'숙제를 안 하고 성실하지 못함.'

원래는 '까불이' 소리를 듣던 아이였다. 하지만 어느 순간부터 나는 도시락이나 준비물도 챙기지 못하고, 숙제도 못 해오는 소심한 아이가 되어 있었다. 점심시간이면 일부러 학교 밖을 맴돌았다. 친구들이 도시락을 다 비울 때쯤 조용히 들어가 운동장 벤치에 누워 하늘을 바라보곤 했다. 어릴 땐 배보다 마음이 더 고팠다.

그 시절 나는 참 많은 하늘과 구름을 봤다. 푸른 하늘, 회색 하늘, 붉은 하늘, 뭉게구름, 양떼구름…. 아마 그때부터 하늘을 좋아하게 된 것 같다. 그 시절의 기억들이 훗날 내가 기상청 예보관이 되는 데 밑거름이 되었는지도 모른다. 하지만 그 시절의 나는 좋아서가 아니라, 단지 숨이 막혔을 뿐이다. 학교도 집도, 어디도 편한 곳은 없었다.

교실에 들어가도 수업 시간 내내 딴생각뿐이었다.

'오늘도 집에 가면 새엄마가 있을까? 또 술에 취해 있을까?'

새엄마 생각에 부들부들 떠는 아이에게, 학교 공부는 중요한 문제가 아니었다.

그런데 4학년이 되던 해, 나에게도 기적 같은 일이 벌어졌다. 담임이셨던 원종일 선생님.

얼음장처럼 차갑던 다른 선생님들과 달리, 그분은 신기할 정도로 나를 예뻐해 주셨다.

선생님은 수학 시간마다 칠판에 여러 문제를 적어 놓고, 손든 아이들 중 한 명씩 앞으로 나와 풀게 하셨다. 그리고 가장 쉬운 문제가 남으면, 덧셈과 뺄셈조차 겨우 하던 나에게 이렇게 말씀하셨다.

"이 문제는 수학 박사님, 우리 영식이가 한번 풀어볼까?"

나는 부끄러움을 무릅쓰고 쭈뼛쭈뼛 칠판 앞으로 나갔다. 그리고 문제를 풀고 나면, 선생님은 어김없이 박수를 쳐주셨다.

당시 내 성적표엔 온통 '가'와 '양'뿐이었는데, 그나마 '미'를 받은 과목이 바로 수학이었다. 선생님은 형편없는 성적 속에서 겨우 하나 찾은 그 '미'를 과장되게 칭찬하며, 나를 북돋아 주셨다. 물론 그때는 몰랐다. 그게 나를 일으켜 세우려는 마음이란 걸. 오히려 창피한 상황을 만드셨다고, 때론 속으로 원망하기도 했다.

늘 성적도 형편없고, 도시락조차 챙겨오지 못했던 나는 점심이라도 굶지 않으려 테니스부에 들어갔다. 그렇게 하루 종일 운동장을 뛰어다니는 운동선수 생활이 시작됐다. 아침 해가 뜨기 전부터 해가 질 때까지, 하루 12시간을 코트에서 뛰었다. 공부는 점점 더 멀어졌지만, 체력만큼은 누구에게도 뒤지지 않게 길러졌다. 그런데 중학교 2학년 무렵부터는 키도 더 이상 자라지 않았고, 테니스 성적도 기대에 미치지 못했다.

결국 중학교 3학년 말, 나는 운동을 그만두기로 결심했다. 그 소식을 들은 담임선생님은 깊은 한숨을 내쉬며 말했다.

"영식아... 너 그거 지금 그만두면 말이다, 글쎄... 한 시간쯤 가서 또 한참 더 가면... ㅇㅇ농고라는 데가 하나 있긴 해. 거기라도 갈 수 있을지 모르겠다. 정말 괜찮겠니?"

당시 내 성적은 시골 학교에서도 전교 꼴찌를 오가고 있었다. 인문계는커녕, 가까운 실업계 고등학교 진학도 언감생심이었다. 그런데도 나는, 어디서 나온 자신감인지 눈을 똑바로 뜨고 말했다.

"네. 저 운동 그만둘 거예요."

중학교 3학년 말, 고등학교 입학시험을 두 달 앞두고 나는 처음으로 공부를 시작했다.

그땐 각자 원하는 고등학교에 직접 찾아가 입학시험을 쳐야 했다. 내 영어 실력은 "I am a boy."조차 제대로 모를 정도였고, 수학은 또래보다 두세 해쯤 뒤처져 있었다. 하지만 한 달 반 동안 벼락치기 공부에 매달린 끝에, 운 좋게 가까운 인문계 고등학교에 합격했다.

그리고 고등학교에 입학한 뒤, 성적은 믿기 어려울 만큼 빠르게 올랐다. 시험을 볼 때마다 순위가 뛰었고, 결국 3학년 1학기 기말고사에서는 전교 10등이라는 성적표를 받았다.

한 학년 360명 규모, 지역에서도 명문으로 크고 있던 학교였다. 내가 3년 만에 12년 치 공부를 따라잡았다며, 사람들은 "역시 머리가 좋으니까 가능했지"라고 말했다.

하지만 그건, 중학교 시절 테니스로 단련된 체력 덕분이었다. 땡볕 아래서 하루 12시간씩 뛰며 길러진 체력이, 책상 앞에서 버틸 수 있는 집중력으로 돌아온 것이다. 화장실도 참고, 쉬는 시간에도 자리를 뜨지 않고 몇 시간을 꼼짝없이 앉아 있었다. 영어 단어는 하루에 200개, 많게는 300개까지 무작정 외웠다. 하나라도 틀리면 처음부터 다시 시작하곤 했다. 지금 돌이켜보면 참 무모했지만, 그땐 정말 간절했다. 그래서 버틸 수 있었다.

내가 한 달 반 만에 인문계 고등학교에 진학하고, 고등학교에서도 석차가 수직으로 상승할 수 있었던 이유 중 하나는 단연 체력이었다. 하지만 그보다 먼저, 내 마음속에 불을 지핀 건 국민학교 4학년 담임선생님의 한마디였다.

'수학 박사님, 영식이'

처음엔 놀리는 줄 알았다. 아이들 앞에서 부끄럽기도 했다. 하지만 그 말은 내 안에 조용히 스며들어, 시간이 흐른 뒤 진짜 힘이 되어 돌아왔다. 고등학생이 되어 책상 앞에 앉았을 때, 나는 속으로 되뇌었다.

'그래. 난 못한 게 아니라 안 한 거야. 그러니 이제 해보자.'

그렇게 고등학교 3년 동안 후회 없이 공부했다. 의자에 한 번 앉으면 밥 먹을 때 빼곤 좀처럼 일어나지 않았다. 그런데도 전혀 힘들지 않았다. 공부도, 시험도 스트레스로 느껴지지 않았다. 오히려 시험 날짜가 다가올수록 마음이 두근거리고 설레곤 했다.

나는 언젠가 아들에게 이렇게 말한 적이 있다.

"아빠는 공부가 재밌었어. 뭔가를 알아간다는 게 참 좋더라."

그러자 초등학교 4학년이던 아들은 눈이 동그래지며 되물었다.

"아빠, 진짜야? 진짜? 진짜로?"

그 모습에 웃음이 났지만, 내게는 진심이었다.

이젠 가끔 지인들과 테니스를 할 때면 2~3시간만 뛰어도 땀이 비 오듯 쏟아진다. 그럴 때면 속으로 생각한다.

'내가 어떻게 이걸 하루 12시간씩 뛰었지?'

한여름이건, 한겨울이건. 그렇게 온종일 뛰어본 사람이라면, 공부가 덜 힘들다고 말하는 내 마음을 조금은 이해할지도 모른다.

중학교 시절, 나를 놀리던 친구가 있었다. 그 친구는 늘 학급 반장에, 어머니는 늘 학부모회장이셨다. 성적도 언제나 상위권이었다. 그런데 고등학교에 진학한 뒤, 그 친구의 성적이 크게 떨어졌다는 소식을 들었다.

'누구에게나 때는 있는 법이다. 나는 조금 늦게 나만의 봄을 맞았다.'

나는 어릴 때부터 무엇이든 궁금해하고, 알고 싶어 하는 아이였다. 역사 이야기, 과학 실험, 신기한 현상만 보면 왜 그런지 궁금해 견딜 수 없었다. 그런데 아들은 조금 다르다.

어릴 적부터 유심히 보면, 사람을 좋아하는 아이다. 항상 웃고 다니며 친구, 동생, 형, 누나뿐 아니라 동물과도 쉽게 정을 나눈다. 초등학교 4학년이 된 지금도 잘 때면 인형을 꼭 껴안고 잔다. 뭐든 귀엽고 따뜻한 걸 좋아하는 감정이 풍부한 아이.

그래서 나는 진심으로 바란다. 공부에 얽매이지 않고, 네가 좋아하는 일을 하며 살아가기를. 좋은 사람들과 어울리고, 그들 사이에서 웃으며 일할 수 있기를.

"아들아. 절대로 억지로 공부하진 마라. 무엇을 하든, 마음이 기쁜 쪽을 따라가렴. 그 길이 너를 가장 빛나게 해줄 테니. 너만의 계절이 분명 올 거야."

6. 사랑받지 못한 아빠가 꼭 지키고 싶은 약속

    국민학교 1학년을 마칠 무렵, 어느 날 엄마가 집을 나가셨다. 그날 이후, 아빠와 두 살 터울의 누나 그리고 나. 세 식구만 남게 되었다. 살림이 서툴던 아빠는 투박한 손으로 밥을 짓고, 손빨래를 하며 말없이 우리를 키워내셨다. 아침이면 나는 누나와 함께 학교 가는 버스를 타고, 아빠는 마을 근처의 채석장으로 출근하셨다.

    친척 어른들 말씀으로는, 아빠는 어린 시절 동네에서 '신동'으로 불렸다고 한다. 스무 살 터울의 누님과 형님이 있었고, 그 시절 집안에는 땅도 많아 비교적 넉넉한 형편이었다고 했다. 하지만 아빠가 네 살이 되던 해, 할아버지가 세상을 떠나셨고, 그 뒤로 큰아버지가 집안의 가장이 되면서 상황이 급격히 기울기 시작했다고 한다. 큰아버지는 노름에 빠져 재산을 탕진했고, 결국 땅문서까지 잃으며 가세가 눈에 띄게 기울었다고 한다. 그 여파로 아빠는 국민학교를 마치자마자 농사일을 거들어야 했고, 학교에 더는 다닐 수 없었다고 했다.

    하지만 선생님들은 아빠의 총명함을 그냥 지나칠 수 없었고, 여러 차례 집을 찾아와 가장 노릇을 한 큰아버지와 고모를 설득했다고 한다. 그리고 마침내 큰아버지는 조건 하나를 내미셨는데, 입학시험에서 전교 3등 안에 들면 중학교에 보내주겠다는 약속이었다고 한다.

당시 아빠가 지원했던 중학교는 홍성의 한 공립학교였고, 주변에 다른 중학교가 없어 지원자가 넘쳐나는 곳이라고 했다. 입학만 해도 공부를 잘한다는 말을 들을 수 있는 학교였다. 하지만, 아빠는 그 어려운 시험에서 전교 3등 안에 들어야만 진학을 허락받을 수 있었다.

합격자 발표 날, 아빠는 할머니의 손을 잡고 학교로 향했다. 합격자 명단에는 이름이 있었지만, 수석과 차석 명단에는 없었다고 한다. 그걸 본 큰아버지는 직접 교무실을 찾아가 아빠의 입학시험 석차를 물었고, 다행히도 아빠는 정확히 3등으로 합격했다고 한다.

그렇게 어렵게 들어간 학교였지만, 아빠의 학력은 중학교 졸업으로 멈추게 되었다. 아무리 공부를 잘해도, 큰아버지는 더 이상 학교를 보내주지 않으셨다고 한다.

아빠는 형제 중 막내로 태어나, 고모 그리고 큰아버지와는 스무 살 가까이 차이가 났고, 덕분에 할머니의 사랑을 듬뿍 받으며 자라셨다. 농사일은 전혀 알지 못한 채, 공부만 하며 자란 아빠는 중학교 졸업 후 곧장 어른들의 손에 이끌려 농사일을 하기 시작했다.

하지만, 세월이 흘러 결혼을 하고 아이를 낳은 뒤에도 생활은 나아지지 않았다. 가난에서 벗어나기 위해 아빠가 선택할 수 있었던 길은, 중졸 학력으로 가능한 가장 힘한 일이었다. 결국 아빠는 생계를 위해 원양어선에 승선했고, 이후에는 중동의 건설 현장으로 떠나야만 했다.

당시 내가 자란 마을에는 대학을 나온 어른이 몇 분 계셨다. 그런데 신기하게도, 그런 분들이 저녁이면 우리 집을 찾아와 아빠에게 이것저것을 묻곤 했다. 알고 보니 모르는 영어 단어나 한자, 때로는 아이들 수학 문제까지 들고 와 아빠에게 도움을 청했던 것이다. 중학교 졸업이 전부였던 아빠는 그분들보다 높은 학력은 아니었지만, 누구보다 총명하고 인정받는 어른이었다. 그래서 주변의 권유로 외국으로 눈을 돌리게 되었고, 그게 원양어선과 중동 건설 현장으로 가게 된 계기가 되었다.

하지만 결혼 이후에도 아빠는 오랜 시간을 집 밖에서 보내셨다. 아이 둘을 집에 남겨두고 외국을 떠도는 시간이 길어지자, 엄마와의 사이는 점점 소원해졌고, 결국 두 분은 각자의 길을 걷게 되었다.

농사일조차 어색했던 아빠는, 집안일에는 더욱 서툴렀다. 할머니가 귀하게 키우신 덕에 손에 물 한 방울 묻힐 일이 없던 사람이었다. 그런데 엄마가 떠난 뒤에는 밥이며 빨래까지 모든 걸 스스로 해야 했다. 하지만 지금 돌이켜보면 그 시절은 가난했지만, 내겐 이상하게도 하루하루가 따뜻했다. 식사는 여전히 소박했지만, 아빠는 엄마처럼 나에게 화를 내지 않으셨다. 가끔 머리를 쓰다듬어 주시기도 했고, 어쩌다 한 번씩은 목말도 태워주셨다. 그런 평범한 순간들이, 어린 내게는 '시간이 멈췄으면 좋겠다'고 느껴질 만큼 소중했다.

그러던 어느 날, 학교에서 돌아오니 낯선 아주머니가 집에 와 계셨다. 아빠는 그분을 가리키며 말씀하셨다.
"이제부터 엄마라고 부르자"

처음에는 당황스러웠지만, 남들처럼 '아빠와 엄마가 함께 있는 집'이라고 생각하니 그리 나쁘지 않게 느껴졌다. 그분의 말투가 우리와 조금 다르긴 했지만, 매일 조금씩 적응해가며 예쁜 짓도 해보고, 잘 보이려 애썼다. 가끔 "우리 삽교천에 놀러 갈까?" 하고 물으면, 삽교천이 어딘지도 모르면서 "네, 엄마!" 하고 신나게 뛰어다녔다. 그러면 엄마는 "그럼 한 번 춤춰봐"라고 말하셨고, 나와 누나는 개다리춤을 추며 분위기를 맞추곤 했다.

행복할 것만 같던 네 식구의 생활은, 며칠 가지 않아 금세 비극으로 바뀌었다.

새로 온 엄마는 술을 좋아했다. 처음에는 조심스러운 듯 자제했지만, 얼마 지나지 않아 술 못 마시는 아빠와도 자주 술을 함께했다. 문제는 술기운이 돌기 시작할 때였다. 그럴 때면 늘 나와 누나를 불러 이해하기 어려운 말을 늘어놓았고, 술 심부름을 시키거나 밤늦게까지 옆에 앉아 있게 했다. 그리고 하품이 나오기 시작할 무렵이면 어김없이 아빠에게 우리가 말을 듣지 않는다며 하소연했다.

그 무렵 열 살이던 나는, 지금 돌이켜봐도 많은 걸 알고 있었다. 눈치로도 그 여자가 진짜 엄마가 될 수 없다는 것쯤은 알고 있었고, 아빠는 진짜 아빠라는 것도 분명히 알고 있었다. 그래서 더욱 기대했다. 혹시라도 가짜 엄마가 우리를 힘들게 하면, 진짜 아빠가 우리를 지켜줄 거라는 믿음. 그래서 아빠의 행복을 위해, 가짜 엄마의 눈치를 보며 비위를 맞추고 있었는지도 모른다.

하지만 술에 취한 가짜 엄마가 아빠에게 우리를 헐뜯고 나면, 아빠는 매정하게도 늘 온몸에 피멍이 들도록 매를 드셨다. 말보다 매가 먼저였고, 나는 세상이 무너지는 기분을 느꼈다. 기댈 곳은 어디에도 없었다.

가짜 엄마는 어느새 우리 집에 완전히 적응한 듯 보였다. 날이 갈수록 더 무섭고 비참한 일이 매일 저녁 벌어졌다. 이제는 취기만 오르면, 누나와 나를 벌거벗겨 마당 밖에 세워두었다. 우리 집에는 울타리가 없었고, 마당 한 가운데는 마을 사람들이 오가는 길이었다. 열 살 남짓한 아이 둘은 그저 벌거벗겨진 채 길 위에 내던져지곤 했다.

그 순간 깨달았다. 나의 유일한 버팀목이자 방패 같던 아빠는, 이미 우리 곁에 없다는 걸.

진짜 엄마는 아빠를 피해 멀리 떨어진 곳에 살고 계셨다. 그리고 아주 가끔, 조심스럽게 학교로 찾아오셨다. 담임선생님의 안내를 따라 교문 밖으로 나가면, 저 멀리서 엄마가 눈치를 살피며 우리를 기다리고 있었다. 누나와 나는 운동회 달리기라도 하듯 달려갔다. 엄마는 우리를 꼭 끌어안았고, 소리 내어 울었다. 눈물이 멎을 때쯤이면 근처 식당으로 데려가 따뜻한 밥을 사주셨고, 돌아오는 길에는 우리 손에 용돈을 쥐여주셨다.

하지만 그런 만남이 있던 날이면, 집에 들어서는 발걸음은 죄지은 아이처럼 잔뜩 움츠러들었다. 그리고 아빠는 어딘가에서 이미 그 이야기를 들은 듯, 손에 빨래방망이를 들고 우리를 기다리고 계셨다. 우리는 단단한 나무가 부러지도록 맞았고, 아빠는 이런 말을 하셨다.

"니들 싫다고 도망간 사람이야. 엄마라고 부르지도 말고, 다시는 만나지 마."

하지만 매번 그런 말을 듣고도, 겨우 열 살밖에 안 된 나는 진짜 엄마를 피할 방법이 도무지 떠오르지 않았다. 지금 이 나이가 되어 생각해봐도, 그때 내가 할 수 있는 일은 없었다. 엄마는 시간이 조금 흘러 또다시 우리를 찾아왔고, 우리는 또다시 셋이 함께 껴안고 울었다. 그리고 그날 밤, 열 살과 열두 살, 그 작고 여린 몸은 어김없이 멍투성이가 되었다.

그러던 어느 날, 나는 어디에 계시는지도 모르는 진짜 엄마에게 편지를 썼다. 정확한 내용은 기억나지 않지만, 나중에 엄마에게서 들은 말에 따르면 편지에는 이렇게 써 있었다고 한다.

〈사랑하는 엄마에게
내가 나중에 커서 엄마 찾으러 갈게요.
그러니까 이제 우리 보러 오지 마요.
아빠한테 맞고 혼나요. 사랑해요,
엄마, 보고 싶어요.
영식이가…〉

당시 열 살.
아직 어린 나이였던 나는 그 편지를 옆집 종석이네 엄마의 구두 안쪽에 몰래 구겨 넣었다. 엄마와 종석이네 엄마가 같은 회사에 다닌다는 이야기를 들은 적이 있었기에, 누가 가르쳐주진 않았지만 어쩌면 그편이 가장 확실한 방법이라고 생각했던 것 같다. 그 편지가 진짜 엄마에게 무사히 전해졌는지는 알 수 없었다. 하지만 그날 이후로 한동안, 엄마는 다시 학교에 나타나지 않으셨다.

나중에 어른이 되어 엄마에게서 들은 이야기다. 그 편지는 정말로 종석이 엄마를 통해 전달되었고, 엄마는 그 편지를 받아본 순간 바닥에 주저앉아 한참을 울었다고 했다.
그리고 그날, 주변 사람들에게서 전해 들은 말이 처음으로 엄마를 멈춰 세웠다고 했다.

"너 아들, 편지 써서 구두 안에 넣었다며. 그 나이에 어떻게 그런 생각을 다 했을까?"

그제야 엄마는 자신이 지금껏 얼마나 많은 걸 놓치고 있었는지 깨달았다고 했다.

평소 "이 아이는 낳지 말았어야 했는데, 실수로 낳았다."라며 무심하게 내뱉었던 말, 작은 실수에도 습관처럼 매를 들고 칭찬 한 번 제대로 건네지 못했던 지난 시간이 그 순간 한꺼번에 밀려왔다고 했다.

"얘는 그냥 평범한 아이가 아니었구나… 이 아이는, 잘 크겠다."

그렇게 말하며 울던 엄마는, 미안함과 놀라움이 뒤섞인 감정 속에서 처음으로 내 존재를 '한 사람'으로 받아들이게 되었다고 했다.

그렇게 눈치 빠른 열 살짜리 아이는, 매일같이 반복되던 학대 속에서도 살아남기 위해 하루하루 버텨냈다. 그리고 그때 하나의 결심을 했다.

'나는 어른이 되면 절대로 이혼하지 않을 거야. 만약 어쩔 수 없이 이혼을 하게 되더라도, 내 아이가 혼자 자신을 지킬 수 있을 때까지는 재혼하지 않을 거야.'

그 다짐은 지금까지도 내 삶의 중심에 있다. 나도 결국 이혼이라는 선택을 피할 수는 없었지만, 대신 다른 무언가를 좇기보다 아들과 함께하는 시간을 가장 소중한 것으로 삼으며 살아가고 있다.

'태풍아. 나중에 너도 어른이 되면, 그땐 아빠도 다시 사랑해도 되겠지?'

7. 튼튼한 몸으로, 더 먼 길을 가렴

　어릴 적, 나는 한창 자라야 할 시기에 간식은커녕 끼니조차 제대로 챙겨 먹지 못하며 자랐다. 그래서인지 또래보다 늘 작고 마른 탓에 키는 언제나 반에서 꼴찌였다. 몸도 약해서 잠을 자다 코피를 흘리기 일쑤였고, 감기 같은 잔병치레도 달고 살았다. 등굣길에 가방을 메고 걸어가는 내 모습은, 마치 어린 거북이가 큰 등껍질을 달고 있는 것처럼 보였다.

　아버지가 돌아가시고 할머니와 살던 어느 날, 학교에서 테니스부 선수를 모집한다는 이야기를 들었다. 테니스부에 들어가면 친구들과 함께 단체로 운동을 하고, 점심도 같이 먹고 간식도 준다고 했다. 시합이라도 있는 날이면 고깃집에서 회식도 시켜준다는 말에 마음이 흔들렸다.

　그렇게 나는 얼떨결에 테니스 선수 생활을 하게 되었다. 키도 작고 몸도 약했던 나는 운동을 시작한 첫날부터 매일 팔다리가 쑤셨고, 집에 돌아가면 녹초가 되어 그대로 쓰러져 잠들곤 했다. 테니스부 생활은 생각보다 훨씬 힘들었다. 아침 7시. 해가 막 떠오를 무렵 첫 버스를 타고 학교에 도착하면, 이미 선배들은 코트에서 몸을 풀고 있었다. 나도 곧바로 줄을 섰다. 그렇게 시작된 훈련은 점심시간까지 이어졌고, 짧은 휴식과 낮잠 뒤에는 곧바로 오후 운동이 다시 시작되었다. 매일 12시간 넘게 테니스장을 뛰어다니는 운동부 생활이 이어졌다. 등교해도 교실로 가지 않았다. 운동부는 수업 대신, 운동장이 곧 교실이었다.

봄·가을 1년에 두 번 열리는 시합이 끝난 뒤에야 겨우 한 달 정도 교실에 들어가 오전 수업을 들을 수 있었다. 원래도 낮았던 내 성적은 운동부 생활과 함께 밑바닥까지 떨어졌지만, 시험 기간에도 연습은 멈추지 않았다. 시험 시간 직전에만 잠깐 교실로 들어가 이름만 쓰고, 답안지만 내고 나오는 날도 많았다.

아주 가끔 수업에 참여할 때면 친구들의 반응은 차가웠다. 앞자리에 앉은 친구가 무언가 물어보려고 뒤돌아보며 말했다.

"야, 근데 이 문제 뭐야?... 아니다."

내 얼굴을 본 친구는 곧바로 시선을 피했다. 그 순간 느꼈다. 나는 무언가를 물을 필요도 없는 존재였다.

학교 수업도, 친구들과의 놀이 시간도 내겐 사라진 지 오래였다. 운동회 날에도 친구들은 축구와 농구를 하며 신나게 뛰놀았지만, 우리는 평소와 다를 것 없이 테니스장에서 땀을 흘려야 했다. 그래서 나는 학창 시절 동안 축구, 농구 같은 체육 활동은 거의 해본 적이 없다. 그런데 당시 테니스부 코치는 항상 운동회가 끝나갈 무렵이면 우리를 전교생이 참여하는 마라톤 경기에 내보냈다. 우리는 운동회 분위기를 멀리서 힐끔힐끔 구경만 하다가, 막바지에야 마라톤을 하러 친구들 틈으로 합류하곤 했다.

'3, 2, 1, 땅!'

총성과 함께 5km 마라톤이 시작되었다. 우리 학교엔 테니스부, 역도부와 함께 육상부가 있었고, 육상부 중엔 도 대표급 중장거리 선수도 있었다. 그런데 그 마라톤 대회에서, 나는 전교생 중 두 번째로 결승선을 통과했다. 작고 약하던 몸, 바닥을 기던 체력. 그랬던 내가 육상부를 제칠 만큼 튼튼해졌다는 사실은, 나 자신도 놀라운 일이었다. 체육 선생님, 다른 운동부 감독님, 심지어 우리 코치님까지 놀란 눈치였다.

나는 어릴 때부터 뭔가 특별히 잘하는 게 없었다. 하지만 어른이 시킨 일은 요령 부리지 않고 충실히 하는 편이었다. 테니스 연습 때도 마찬가지였다. 다른 친구들이 대충 흉내 낼 때도 나는 정석대로, 제대로 하려 애썼다. 덕분에 모르는 새 내 몸 안에는 체력이라는 무기가 만들어지고 있었다.

그때부터였다. 나를 바라보는 사람들의 시선이 조금씩 달라지기 시작한 건. '아무것도 잘하는 게 없던 아이'에서, '그래도 잘하는 게 하나는 있는 아이'로. 그 변화는 타인의 눈에서 시작됐지만, 곧 내 마음 안에서도 일었다.

'그래, 운동 더 열심히 해보자.'

그리고 나는 정말 누구보다 열심히 운동했다. 눈이 펑펑 내리는 날도, 살을 에는 칼바람이 부는 날도, 제일 먼저 운동장에 나가 땀을 흘렸다. 꽁꽁 언 손을 호호 불어가며 라켓을 들었고, 온몸이 땀으로 젖어도 포기하지 않았다. 남들처럼 사춘기를 겪으며 이리저리 흔들릴 시기. 나는 그 사춘기라는 버스에 타보지도 못한 채 지나쳐버렸다. 매일 새벽같이 일어나 운동하고, 해가 지고 나서야 집에 들어오는 삶. 밥을 먹고 나면 피곤에 겨워 쓰러지듯 잠드는 하루하루. 그 시절 내 일상은 운동이 전부였다.

그러다 고등학교에 올라가기 직전, 운동을 그만두었다. 남들은 늦었다고, 이제 시작하기엔 너무 늦은 거 아니냐고 했다. 하지만 나는 마음을 굳게 먹었다.

'이번엔 공부에 미쳐보자.'

그 결심 하나로, 다시 나를 불태우기 시작했다. 아침부터 점심때까지, 책상에 앉으면 한 번도 허리를 펴지 않았다. 화장실 가는 시간조차 아까워, 밥을 먹고 나면 양치질하면서 다녀왔다. 밥 먹는 시간, 잠자는 시간, 화장실 가는 시간. 그 세 가지를 제외한 모든 시간은 책상에 붙박여 있었다.

선생님들은 가끔 물으셨다.

"너 괜찮니? 일어나서 스트레칭이라도 좀 해."

하지만 그마저도 나에겐 사치였다. 나는 한 치의 흐트러짐 없이, 책상 위의 책만 바라보았다. 그런데도 힘들지 않았다. 아니, 운동부 시절에 비하면 오히려 편하다고 느꼈다.

운동부 생활은 결코 쉬운 일이 아니었다. 한여름 뙤약볕 아래서 12시간 넘게 뛰어다니고, 한겨울엔 눈을 치우며 꽁꽁 언 손으로 차디찬 라켓을 쥐었다. 지금 생각해도 끔찍할 만큼, 정말 지긋지긋한 나날이었다. 그런데 공부는 달랐다. 덥지도, 춥지도 않은 실내에서 가만히 앉아 있으면 되는, 나에게는 '누워서 떡 먹기' 같은 일이었다.

공부뿐만이 아니었다. 공무원 시험에 합격하고, 직장 생활을 시작한 후에도 마찬가지였다. 새벽까지 야근하고도 아침엔 늘 말끔하게 출근했다. 회식을 늦게까지 하고도 장거리 출장을 문제없이 소화했고, 밤새 당직을 서고도 다음 날 정상 근무를 했다. 주변 동료들이 놀라며 말했다.

"도대체 체력이 왜 이렇게 좋으세요?"

"좀 쉬면서 하세요"

그때 깨달았다. 지긋지긋할 정도로 힘들었던 그 시절의 운동이, 지금의 나를 지탱해주는 '보답'이 되어 돌아오고 있었던 것임을. 가난이라는 어두운 터널을 지나, 서른이 넘어 처음으로 내 삶을 돌아봤을 때 나는 조용히 되뇌었다.

'세상의 모든 건, 결국 체력에 달려 있다.'

어린 시절, 친구들과 어울려 뛰놀 수 있는 시간도, 교실에서 마음 편히 공부할 수 있는 시간도, 모두 앗아간 게 바로 '운동'이었다. 그 시간에 남들처럼 공부했다면, 지금보다 조금은 더 나은 삶을 살고 있었을지도 모른다. 하지만 이제 와 돌이켜보면, 그때 그 고된 시간 덕분에 나는 남들보다 훨씬 더 강한 체력을 가질 수 있었다. 그건 분명, 나만의 무기가 되어주었다.

그래서 나는 바란다. 내 아들도, 공부만 잘하는 아이가 아니라 무엇보다 튼튼한 아이로 자라길. 복싱이 아니어도 좋다 무엇이든 좋아하는 운동 하나쯤은, 꼭 끝까지 해보도록 옆에서 지켜주고 싶다.

아들은 어릴 때 식이 알레르기와 심한 아토피로 고기나 우유도 쉽게 먹지 못해, 늘 또래보다 작고 왜소했다. 한두 살 어려 보인다는 말을 들을 때마다 마음이 찢어질 듯 아팠다.

그런데 이곳, 남극에 온 지 다섯 달쯤 되었을 무렵, 아들에게서 전화 한 통이 왔다.

"아빠, 나 학교 육상선수로 선발됐어. 시합 나간대!"

순간, 말이 끝나기도 전에 눈시울이 뜨거워졌다. 전화기 너머의 목소리가 그렇게나 또렷하고 당당할 수가 없었다.

강하게 키우고 싶은 마음에 초등학교 4학년 때 아들의 손을 꼭 잡고 복싱체육관으로 데려갔었다. 그리고 내가 남극에 와 있는 동안, 아들은 누가 시키지 않아도 운동을 계속했고 나 없이도 스스로 단단해지고 있었다. 내 손을 꼭 잡고 시작했던 운동이, 어느새 아들의 삶 속에 자라나고 있었다. 그 모습이 고맙고, 또 기특했다.

'아들아. 아빠는 네가 많은 걸 아는 것도 중요하지만, 그보다 더 바라는 건 튼튼하게 자라는 것이란다. 그리고 꼭 기억해라. 무언가 하고 싶은 일이 있다면, 먼저 그걸 버틸 힘부터 길러야 한다는 걸. 체력은 몸을 강하게 만들고, 강한 몸은 언젠가 마음까지 지켜주는 가장 든든한 울타리가 될 거야.'

8. 그래도 나는, 꿈을 버리지 않았다

내 나이 열두 살, 아버지가 교통사고로 세상을 떠난 뒤, 나는 할머니 품에서 자랐다.

그러다 고등학교 시절부터 엄마와 연락을 주고받기 시작했고, 이후에는 엄마가 살던 포항으로 내려가 엄마, 누나와 셋이 함께 살게 됐다. 머리가 조금 크고 옆에서 지켜본 엄마는, 그야말로 닥치는 대로 일하던 분이었다. 우리 남매가 일어나기도 전 어둠 속으로 출근하시고 다음 날 새벽녘, 우리가 잠든 사이에 조용히 돌아오는 생활이 반복됐다. 하루에 세 가지 일자리를 돌며 버티는 삶. 그 고단함은 말하지 않아도 느껴졌다.

어릴 적부터 40년 넘게, 남자들도 힘들어하는 육체노동을 매일같이 해온 엄마는 늘 지쳐 있었고, 사소한 일에도 쉽게 분노를 터뜨리곤 하셨다. 이해는 되지만, 어린 나에겐 그 화가 참 크게 느껴졌던 기억이 난다.

내가 수험생이던 시절, 책상에 앉아 조용히 공부를 하고 있으면 누나는 옆방에서 음악을 크게 틀고 거울 앞에서 춤 연습을 하곤 했다. 친구들 말로는, 집에 수험생이 있으면 아버지도 TV 소리를 줄이고 온 가족 모두가 조심하며 눈치를 본다고 했다. 그러나 우리 집은 달랐다. 누나는 저녁이면 몇 시간씩 음악을 틀어놓고 방 안에서 춤을 췄다. 그리고 밤이 깊어지면 어딘가로 나갔다가, 엄마가 퇴근할 무렵인 새벽 두세 시가 되어서야 집으로 돌아오곤 했다.

그쯤이면 나도 억지로 눈을 감았다. 더 공부하고 싶어도 일부러 잠을 청했다. 엄마가 돌아오면 어김없이 누나를 야단치며 고함을 질렀고, 얼마 지나지 않아 '퍽퍽' 소리와 함께 울음소리가 따라왔다. 나는 고함과 울음소리를 들으며 억지로 잠이 들었다. 매일 밤이 그랬다.

사실 나는 누나만 생각하면 억울한 마음이 먼저 들곤 한다. 어릴 때부터 누나는 늘 철이 없었다. 철없는 누나 밑에서, 나는 동생이면서도 누나를 챙기며 자랐다.

국민학교 6학년이던 누나가 수학여행을 가던 날, 4학년이던 나는 내 손으로 아껴 모은 돈을 몰래 누나 손에 쥐여줬다. 그 시절, 옆집 누나들은 수학여행에서 돌아오면 막대사탕 하나쯤은 동생 손에 꼭 쥐여줬다. 그걸 받은 아이들은 돌아오자마자 내게 자랑하러 달려왔고, 나는 괜히 그 애들 앞에서 못 받은 사탕 대신 씁쓸한 웃음만 지었다. 심지어 다른 집 누나들은 부모님에게 받은 용돈으로도 동생에게 뭔가 하나씩 사 오곤 했다. 하지만 우리 누나는, 어린 동생에게 받은 용돈으로 자기 배만 채운 채 늘 빈손으로 돌아왔다. 나는 혹시나 하며 기다렸고, 역시나 하며 속상한 마음을 꾹꾹 눌러 삼켜야 했다.

그런 누나는 내가 인생에서 가장 중요한 시기를 보내고 있을 때도, 막대사탕 하나 쥐여준 적 없이 매일같이 옆방에서 큰 음악을 틀고 춤 연습을 하며 내 귀를 '호강'시켜줬다.

지금 생각해 보면, 참 고마운 누나다.(정말로.)

밤낮없이 고된 일을 하며 뒤늦게 우리를 키워낸 엄마, 그리고 여전히 말썽만 피우는 누나. 그 두 사람 곁에서 나는 조용히 현실을 받아들였다. 대학 입시를 준비하면서도, '내가 가고 싶은 학교'는 애초에 선택지에 없었다. 장학금을 받을 수 있고, 기숙사에서 지낼 수 있는 지방 국립대. 그게 내가 허락받은 유일한 미래였다.

겨우 대학에 들어가고, 가끔 집에 가면 엄마는 늘 물으셨다.
"군대는 언제 가니? 빨리 가지 그래."
엄마는 몰랐다. 내가 사립대 자취생이나 서울에서 생활하는 친구들에 비해, 비교도 안 될 만큼 훨씬 적은 돈으로 학교를 다니고 있다는 사실을. 장학금과 아르바이트로 자립에 가까운 생활을 하고 있었고, 기숙사 덕분에 월세 걱정도 없었다. 하지만 엄마는 여전히 '대학은 돈 드는 곳'이라고만 생각하셨다. 설명해도 소용없다는 걸 알았다. 결국 나도 마음을 정리했다. 그래, 빨리 군대에 가자. 그리고 혼자 살아보자.

그러던 어느 날, 오랜만에 집에 들렀을 때였다. 거실엔 크고 번쩍이는 TV가 놓여 있었고, 최신 오디오에다 친구네 집에서만 보던 컴퓨터까지 자리를 차지하고 있었다.
항상 '돈이 없다'라고 하던 엄마의 말이 떠올랐다.
사립대에 다니며 아르바이트 한 번 안 한 누나가 있는 집에서, 나는 늘 엄마 눈치를 보며 장학금과 아르바이트로 버텨야 했다. 그런데 새로 장만한 가전제품들을 보니 서운함이 확 밀려왔다. 그날, 나는 마음속으로 조용히 결심했다.
'그래. 이젠 진짜 혼자 서야겠다.'

엄마는 돈 이야기가 나오면 늘 얼굴부터 굳어졌다.

"또 돈 달라고 그러니?"

그 말이 듣기 싫어, 나는 대학 생활 내내 경제적인 이야기를 꺼내지 않았다.

그래서 장학금을 받기 위해 공부했고, 부족한 건 아르바이트로 채웠으며, 학교 신문사에서 기자 활동을 하며 스스로 밥벌이를 했다. 그 덕에 주머니는 늘 가벼웠고, 마음은 무거웠다. 어른이 되어도 의지할 곳 하나 없는 삶.

그래도 버텼다. 싸구려 라면을 사다 하루에 한 봉지로 버틴 날이 많았다. 작은 라면 하나를 반으로 나눠 두 끼를 해결했고, 남은 스프는 따로 모아 국을 끓여 먹었다. 그렇게 버티는 나날 속에서도, 나는 희망을 놓지 않으려 애썼다. 아니, 나보다 더 힘든 사람들을 떠올리며 오히려 스스로를 다독였다.

"그래도 나는 나은 편이야."

그렇게 믿으며 20대를 살아갔다.

하루하루 허기졌지만, 나는 20대에만 50번이 넘는 헌혈을 했고, 외국인 노동자를 위한 봉사단체, 보육원에도 틈틈이 찾아가 시간과 마음을 나눴다. 그 모든 시간을 지나며 하나의 다짐이 마음속에 깊게 자라났다.

'나는 언젠가 꼭 성공해서, 나 같은 사람을 도우며 살고 싶다.'

'세상은 스스로 돕는 자를 돕는다.'

그 말을 믿었고, 그 믿음 하나로 버텼다. 20대 시절, 안 해본 아르바이트가 없었다.

건설 현장, 가구 배달, 정수기 영업, 공공기관 행정 보조, 과외와 학원 강사, 편의점 야간 근무, 호프집 서빙까지. 닥치는 대로 일했다. 몸은 혹사했고, 마음은 버텨냈다.

힘들었지만 그 시간이 내 삶을 다져줬다. 누구 앞에서도 쉽게 나약해지지 않게 해주었고, 나중에 공무원이 되었을 때도 더 넓은 시야로 세상을 바라볼 수 있게 해줬다.

생각해 보면, 매정했던 엄마도, 철없던 누나도 결국 내 인생의 '훈련장'이었다. 나를 빨리 어른으로 만들어야만 했던 환경. 그 덕에 나는 일찍 철이 들었고, 혼자서도 버티는 법을 배웠다. 그래서 이제는 가족이 그리 원망스럽지 않다. 오히려, 그 모든 순간이 있었기에 나도 강철처럼 강해질 수 있었다.

아들아, 세상은 네가 기대는 법을 익히기도 전에, 먼저 이겨내라고 말할 때가 많단다.

아빠도 그랬다. 철없던 누나, 매정하고 무서웠던 진짜 엄마, 술주정하던 새엄마, 꿈보단 생존이 먼저였던 대학 시절까지. 무언가를 원망할 시간도 없이, 버티는 게 먼저였던 날들. 하지만 그 시간을 지나오고 나서야 알게 됐다. 견디는 시간은 결코 누군가를 망가뜨리지 않는다는 걸. 오히려 그 시간은 나를 단단하게 만드는 훈련일 수도 있다는걸.

그러니 힘들다고, 외롭다고, 세상이 불공평하다고 느낄 때일수록 스스로에게 한 가지는 말해줘야 해.

"지금 이 순간이 나를 더 크게 만들고 있다."

아빠는 말이야, 그 모든 시간을 견디고 결국 여기까지 왔어. 그러니 너도, 너무 조급해하지 마. 봄은 분명히 찾아오고, 단단해진 뿌리는 반드시 꽃을 피운단다. 그러니 오늘도 잘 버텨줘. 그리고 언젠가 너도 누군가에게 말해주렴.

"그때 나는 이렇게 견뎠어. 너도 할 수 있어."라고.

3부. 직장과 상처, 그리고 아들

9. 이길 수밖에 없는 이유

엄마의 재촉도 있었고, 나 스스로도 여러 사정상 하루라도 빨리 군대를 다녀오고 싶었다.

그래서 카투사에 지원했다. 집안 형편은 넉넉지 않았지만, 다른 나라를 여행해 보고 싶은 마음에 카투사에 가면 도움이 될 것 같았다. 영어 점수도 나쁘지 않아 기대했지만, 결과는 낙방. 점수는 내가 더 높았지만, 붙은 건 친구였다.

이미 스물셋. 더 이상 기다릴 수 없다는 생각이 마음을 조급하게 만들었다. 그래서 결국, 입대를 앞당길 수 있는 부대를 찾기 시작했다. 해병대, 해군…. 어떤 선택이든 상관없었다. 그저 하루라도 빨리 다녀오고 싶었다. 그리고 혼자서, 나만의 삶을 시작하고 싶었다.

나는 해군을 선택했다. 그것도 사병이 아닌 부사관. 집안 형편이 어려웠던 나는 정기적으로 급여가 나오는 부사관 제도를 알게 되자, 한 치의 망설임도 없이 지원서를 냈다.

그렇게 스물네 살의 늦은 나이에 해군 하사로 임관했다.

첫 발령지는 전라남도 목포에 위치한 '목포해역방어사령부'. 해군 하사는 명목상 간부로 분류됐지만, 당시에는 임관 후 2년 동안 영내 생활이 의무화돼 있었다. 진해에 있는 훈련소를 마치고, 하사들끼리 사용하는 내무실에 군용 배낭을 멘 채 들어섰다.

"필승! 아…"

내가 문을 열고 마주한 내무실은 충격 그 자체였다. 내무실 한가운데, 팬티만 입은 몇몇 선배들이 어색한 워킹을 하며 우스꽝스러운 춤을 추고 있었고, 선임으로 보이는 이들은 배꼽을 잡으며 웃고 있었다.

2002년 8월. 악몽은 그렇게 시작되었다.

당시 '목방사'로 불리던 그 부대는 해군 내에서도 가장 후방에 있는 부대였다. 서해안의 중국 불법 어선 대응 인력을 제외하면, 전투도, 출동도, 긴급 훈련도 좀처럼 없는 한적한 곳이었다. 그래서였을까. 선배들은 내무실 밖에서는 번듯한 간부의 모습이었다. 그러나 문을 닫고 내무실 안에만 들어오면, 상황은 전혀 달랐다. 짓궂다는 말로는 턱없이 부족한, 선을 넘은 장난이 일상이었다.

매일 점호를 앞두고 자리에 누워 있으면, '막내 오장'으로 불리던 중간 선배, 설 하사는 막내 하사들을 차례대로 불러 성추행을 일삼았다. 체격도 나보다 훨씬 큰, 게다가 나이도 두세 살 어린 그 선배의 변태적인 행동을 매일같이 감내해야 했다.

거부할 수 없었다. 순번처럼 이어진 그 짓은 내 위로도, 그 위로도 같은 방식으로 반복됐기 때문이다. 평소엔 아무 음식이나 잘 먹던 나였지만, 그 시절엔 입맛이 뚝 떨어지는 날이 많았다. 식사하다 중간에 젓가락을 놓고 내무실로 돌아오면, 그것조차 '집합 사유'가 됐다. 선배가 내무실에서 나가려고 모자를 쓰는 순간, 발밑에 신발을 미처 갖다 놓지 않았다는 이유로. 금연 구역인 내무실 안에서 담배를 꺼내든 선배 앞에 재떨이를 갖다 놓지 않았다는 이유로. 전화벨이 울릴 때 선배보다 먼저 뛰어가지 않았다는 이유로.

사소한 행동 하나하나가 '불충'이 되었고, 나는 매일같이 불려 나가 고된 가혹행위를 견뎌야 했다. 그리고, 밤이면 또 성추행이 반복됐다.
도망칠 곳도, 외칠 곳도, 아무 데도 없었다.

한 번은 '소원 수리'라는 이름으로 부대 간부가 고충을 적어내라며 쪽지를 돌렸다.
나는 그동안 당해왔던 가혹행위를 담담히 적어냈다. 하지만 그 용기는 오래가지 못했다.
쪽지를 취합해 정리한 사람이 하필이면, 같은 정보 참모실 소속의, 상급자에게 늘 인정받던 설 하사였다. 그날 이후, 나는 부대 내 쿠데타라도 일으킨 사람처럼 낙인찍혔다.
이후로는 헌병대든 어디든, 하소연할 곳이 없었다. 모든 길이 막혀 있었다.

당시 내 직별 선배들은 "너는 장기복무 해야 한다"라며 나를 부추겼다. 하지만 두 번 고민할 것도 없었다. 나는 만기 전역을 택했다. 돌이켜보면, 어린 시절도, 수험생 시절도, 대학 생활도, 군 생활도 늘 내 곁엔 '내 편'이 없었다. 정말 힘들 때, 나를 도와줄 사람은 단 한 명도 없었다.

당시 뉴스에서는 전방 부대에서의 가혹행위가 실탄 사고로 번졌다는 보도가 나오곤 했다.
너무도 억울했던 어느 날, 나 역시 잠시나마 삶을 놓고 싶다는 생각을 한 적이 있다.
하지만 다행히도, 거기까지 가지는 않았다.

대신, 다짐했다. 이 세상 어떤 사람을 만나더라도, 어떤 일을 겪더라도, 오히려 나는, 그만큼 더 강해지고 반드시 성공하겠다고. 틈만 나면 수첩을 꺼내고 책을 펼쳤다. 대부분의 군부대는 실무 위주라, 따로 이론 공부를 하는 경우는 드물다. 하지만 나는 지은 지 몇십 년은 된 것 같은 낡은 직별 서적뿐만 아니라, 서점에서 전공 서적을 사다 공부하고 틈틈이 영어 단어를 외웠다. 책상보다는 현장이 익숙한 동료들 사이에서, 매일같이 공부하는 나는 꽤 이례적인 존재였다. 조금씩 내 이름이 부대 내 장교들 사이에서 알려지기 시작했고, 그와 동시에 나를 괴롭히던 선배들의 태도도 눈에 띄게 달라졌다.

그렇게 꾸역꾸역 군 생활에 적응해가던 어느 날, 나는 충격적인 뉴스를 접했다.
'남극세종과학기지 전재규 대원 사망'
2003년 12월 남극 킹조지섬,
동료를 구조하기 위해 고무보트를 타고 바다에 나섰던 대원들이 있었다.
하지만 거센 파도에 보트가 전복됐고, 지구 물리 대원 한 명은 끝내 돌아오지 못했다.

남극을 동경해온 내게는, 참혹하면서도 낯선 소식이었다. 하지만 이상하게도, 그 비극은 오히려 나를 더 뜨겁게 만들었다. 비극적인 소식을 접하고 모두 남극은 위험한 곳이라고 했지만, 오히려 나는 남극에 가고 싶었다. 남극에 가는 길은 여러 갈래가 있었다. 그중 하나, 기상청은 매년 기상예보관 한 명을 남극으로 파견한다는 사실을 알게 되었다. 그 순간, 나는 길을 정했다. 기상청에 입사하기로. 그리고 그 길로 남극에 가기로.

2006년 6월 28일.

많은 선배의 만류를 뿌리치고 나는 해군 하사로 만기 전역했다.

매달 안정적인 급여가 나오는 군 공무원. 성적도 좋아 장기복무 제안도 받았고, 이미 선배와 후배로부터 인정받는 위치였다. 하지만 나는 그 안정을 내려놓고 도전을 선택했다.

그리고 전역을 앞둔 어느 날, 나는 선배와 후배들 앞에서 이렇게 말했다.

"내년 봄에 기상청 공채 시험이 있는데, 저는 무조건 합격할 겁니다. 그때 한잔하시죠, 선배님."

많은 이들이 격려했지만, 그중에는 '지금은 몰라도 나중에 분명히 후회할 거야'라는 눈빛도 있었다. 하지만 나는 신경 쓰지 않았다. 자신이 있었기 때문이다.

제대하자마자, 지난 군 생활의 상처와 고단함을 스스로 위로하고 싶었다.

그래서 딱 두 달, 정말로 아무것도 하지 않고 쉬었다. 마흔이 넘은 지금 생각해보면, 그렇게 여유롭게 시간을 보낸 건 내 인생에서 그때가 마지막이었다.

기상청 공채 시험은 매년 봄에 치러졌다. 대략 6개월 남짓한 시간, 빠듯하지만 충분하다고 생각했다. 9월부터는 생활비를 마련하기 위해 아르바이트를 시작했다. 연말까지는 일을 병행하며 슬슬 책을 보고, 1월부터 본격적으로 공부를 시작하면 될 줄 알았다.

그런데, 12월 초. 지인에게서 한 통의 연락이 왔다.

"오빠, 기상청 공채 시험공고 벌써 떴어."

놀라서 바로 확인해보니, 시험일이 2월 3일로 게시돼 있었다. 공부할 수 있는 시간은 이제 두 달도 채 남지 않았다. 사장님께 양해를 구하고, 서둘러 아르바이트를 정리했다.

그리고 12월 말, 본격적인 수험생활에 들어갔다.

한 달 반. 시간은 짧았지만, 집중력만큼은 누구에게도 뒤지지 않았다.

결과는. 커트라인보다 훨씬 높은 점수로 최종 합격.

기상청 입사를 향한 첫 관문을 단숨에 통과했다.

나중에 입사하고 보니, 동기 50명 중 단 한 번에 합격한 사람은 손에 꼽을 정도였다.

대부분은 두세 번씩 도전해서 들어온 자리였다. 그런 시험에, 고작 두 달도 채 되지 않는 준비기간으로 붙은 나에게 사람들은 종종 묻는다.

"머리가 좋은가 봐요?"

하지만, 나는 안다. 그 비결은 머리가 아니라 절박함이었다. 공고가 갑작스레 뜬 후에도, 나는 주변 사람들에게 이렇게 말했다.

"나, 두 달 뒤에 붙을 거야."

"붙으면 좋은데, 떨어지면 어쩌려고?"

그런 말은 애초에 내 사전에 없었다. 그냥 단순하게, 단호하게 마음먹었다.

'떨어지면 끝이다. 나는 떨어지면 죽는다. 그러니 반드시 붙는다.'

그 마음 하나로, 나는 하루하루를 짜내듯 공부했다. 그 시절 내게 '공부'는 선택이 아니라 생존이었다.

나는 지금도 무언가 시험을 앞두고 도전할지 말지 결정할 때 고려하는 건 단 하나다.

'가능한가, 불가능한가?'

가능성만 있다면, 나는 뭐든 합격할 자신이 있다.

이 글을 읽고 있는 아들에게, 그리고 오랜 수험생활에 지쳐 있는 청년들에게 꼭 전하고 싶다.

"세상의 모든 건 마음 먹기에 달려 있다."

지금 네가 진짜 절박한 상태인지, 먼저 너 자신에게 물어봐야 한다.
'이 시험에 떨어지면, 나는 세상과 작별할 만큼 간절한가?'
그 물음에 이렇게 답할 수 있다면,
'그렇다'
그 순간부터 너는 이미 절반은 이긴 셈이다.

하지만 대부분은 이렇게 말한다.
"붙으면 좋은데, 안 붙어도 어쩔 수 없지…"
"떨어지면 그냥 다른 거 해보지 뭐."
"해보는 데까지 해보다 안 되면 다른 거 하지…"
나는 알고 있다. 그런 마음으로는 성공하기 힘들다는걸.
물론 나 역시, 그 시험에 떨어졌다고 정말 목숨을 끊었을 리는 없다.
하지만 분명한 건, 나는 붙을 때까지, 훨씬 더 치열하게 나를 몰아붙였을 거란 사실이다.

아들아. 세상 모든 일은 결국 네 '마음먹기' 나름이란다.
정말 간절히 원하는 일이 있다면, 목숨을 걸듯 단단히 각오하고 도전해라.
그게 네가 앞으로 살아가며 마주할 모든 싸움에서 '이길 수밖에 없는 이유'가 될 거야.

10. 태풍, 세상 모두를 위한 바람이 되어라

2007년 5월 7일.

그토록 바라던 기상예보관의 꿈이 현실이 되던 날이다.

첫 발령지는 제주도였다. 나는 낯설지만 아름다운 섬, 제주에서 국가공무원으로 사는 삶을 시작했다. 교대근무로 밤낮이 뒤바뀌는 날들이었지만, 누구보다 열심히 일했다. 그리고 그곳에서 아이의 엄마를 만났다.

작고 여린, 나에게는 과분해 보이던 제주 토박이였다. 교대근무 중 하루하루 쌓인 피로도, 그녀와의 데이트로 금세 잊혔다. 쉬는 날이면 손을 잡고 섬 곳곳을 함께 걸었다. 그 시절의 공기는 유난히 따뜻하고 부드러웠다.

그러던 겨울, 갑자기 사무실에서 연락이 왔다. 성과평가 결과, 내가 소속된 부서의 직원 한 명을 줄여야 한다고 했다. 제주 출신 직원은 제외하고, 제주에 발령된 지 겨우 일곱 달 된 내가 육지로 나가야 한다고 했다.

당시 나는 마음이 한창 뜨겁던 시기였다. 제주를 떠나야 한다는 말은 막막했다.

선배들이 말하길, 마침 서귀포기상대에 있는 직원 한 명이 광주로 가고 싶어 하니 내가 그 자리를 메우면 된다고 했다. 그렇게 제주청에 발령된 지 일곱 달 만에, 서귀포로 자리를 옮겼다.

감귤 예보관.

서귀포기상대는 열 명 남짓한 작은 조직이었다. 그곳에서 본격적인 기상예보관 생활을 시작했다. 교대근무에 몸은 늘 피곤했지만, 쉬는 날이면 따뜻한 남도의 바람을 맞으며 섬 곳곳을 여행했다. 그 순간들 덕분에 버틸 수 있었다.

하지만, 따뜻한 날씨와는 달리, 사람들은 차가운 건지 근무할 때면 민원 전화가 끊이질 않았다.

"비 온다더니 왜 안 와요?"

"안 온다더니 왜 와요?"

"파도가 낮아졌는데 왜 풍랑주의보는 아직 해제를 안 해요?"

그리고 주의보를 해제하면, 한쪽에서는

"아직 파도가 높은데, 왜 벌써 해제했어요?"

상반된 항의가 하루에도 몇 번씩 이어졌다. 기상청은 뭘 해도 욕을 먹는 기관 같았다.

칭찬은커녕, 수화기 너머에는 늘 불만 가득한 목소리뿐이었다. 마음이 지칠 때도 많았다.

그래도 내가 쓴 예보문 하나로 수많은 사람이 일상을 조정한다는 사실을 떠올리며, 책임감 하나로 버텨냈다.

하지만 서귀포 생활도 오래가지 못했다. 제주에서의 시간이 채 2년을 채우기도 전, 이번에도 기관성과가 좋지 않다는 이유로 제주청의 인원을 17명이나 줄이겠다는 통보가 내려왔다. 전체 인원이 80명도 안 되는 기관에서 한 번에 17명을 줄인다는 건.

제주가 고향이 아닌 직원들, 특별한 사정이 없는 이들에겐 예외가 없다는 얘기였다.

그렇게 나는 또다시 짐을 싸게 되었다.

2009년 5월, 제주를 떠나 경상북도 청송으로.
해발 1,100미터의 면봉산 꼭대기에 있는 기상레이더 관측소로 발령이 났다.
깊은 산속에서의 근무는 고요했고, 외로웠고, 또 외로웠다. 교대근무로 몸은 피곤했지만, 마음은 더 허전했다. 그리고 그곳에서의 시간도 오래 가지 않았다. 6개월이 채 지나기도 전에, 이번엔 서울로 발령이 났다. 전국의 레이더 업무를 한곳으로 통합하겠다며, 서울에 새로운 조직을 만든다는 이유였다.

2009년 10월, 서울 본청의 기상레이더 센터 TFT.
애초에는 경험 많은 6~7급 선배들이 그곳에서 근무하기로 되어 있었다. 하지만 이런저런 핑계로 선배들은 빠져나갔고, 결국 막내였던 내가 차출돼 서울로 올라가게 되었다.
적은 월급에, 큰 명예도 없는 하위직 공무원이었지만 나는 여전히 사명감을 가지고 일했다. 하지만 3년도 안 되는 시간 동안 세 번이나, 그것도 아무런 연고도 없는 곳으로 강제 발령을 받으며 공무원 조직에 대한 회의감이 점점 깊어졌다.

그러던 어느 날, 국토해양부라는 큰 부처에서 기상직 공무원을 뽑는다는 공고를 보게 됐다. 근무지는 대구. 희망하면 평생 그곳에서 근무할 수 있고, 숙소도 제공된다고 했다.
나는 더 고민할 것도 없이 지원했다. 그리고 운 좋게 단번에 선발되었다. 그렇게 나는 기상청을 떠나, 국토부에서 새로운 공무원 생활을 시작하게 되었다.

기상청은 전체 직원의 약 70%가 기상 직렬로 구성된, 말 그대로 '기상 전문기관'이었다.

하지만 그 외의 부처나 지방자치단체에선 기상 직렬 공무원을 찾아보기가 힘들었다.

내가 근무하게 된 국토해양부는 기상청보다 인원은 다섯 배나 많았지만, 기상직 공무원은 고작 세 명뿐이었다. 그 적은 수의 기상직 공무원들이 조직 내에서 받는 대우는 열악했다. 분명 기상 전공자가 필요한 분야였음에도, 다른 직렬 공무원들이 무리하게 자리를 넓혀 기상직 공무원의 입지는 점점 줄어들고 있었다. 조직 개편이 있을 때마다 그들은 자기 사람을 앉히는 데만 몰두했고, 나는 때때로 참지 못하고 할 말을 하다 다른 직원들과 갈등을 빚기도 했다.

그래도 참고, 또 참으며 버텼다.

그렇게 국토부에서의 시간이 흘러 2년쯤 지났을 무렵, 기상청처럼 우리 부에서도 레이더 조직을 서울로 통합한다고 했다. 그리고 예상대로였다. 콕 집어 기상 직렬 직원들만을 대상으로, '서울 발령'이라는 명령이 떨어졌다.

2013년 1월 1일.

숙소도, 아무런 설명도 없이. 나는 또다시 연고도 없는 서울로 향해야 했다.

그 순간, 몸과 마음에 남아 있던 마지막 정까지 싸늘하게 식어갔다.

분명 사기업이었다면 근로기준법 위반 소지가 다분한 '취업 사기'였다. 처음에는 '대구에서 오래 근무할 수 있다'라고 말하던 그들이, 아무런 설명도, 동의도 없이, 연고조차 없는 서울로 일방적인 발령을 낸 것이다.

나는 억울했고, 분노했다. 그리고 그 분노는, 1년 가까이 이어진 치열한 갈등으로 이어졌다. 상사들과 부딪히고, 회의감에 휩싸이며 나는 점점 지쳐갔다. 결국 생각했다.

이제는 정말 그만두어야 할 때라고.

그즈음, 기적처럼 내 삶에 가슴 설레는 변화가 찾아왔다.

2014년 1월, 아내의 임신. 그 소식을 들은 순간, 세상이 달라 보였다. 모든 것이 아름답고, 고맙고, 살아갈 이유가 분명해졌다.

그때 나는 다시 남극을 꿈꿨다. 열정적으로 도전했지만, 두 번의 낙방에 무릎을 꿇었던 곳. 존중도 없고 의미도 사라진 일터에서 시든 채 살아가느니, 아들에게 꿈을 이루는 아빠의 모습을 보여주고 싶었다. 그래서 마지막이라는 각오로 다시 도전했다.

결과는 최종 선발.

아내는 내가 남극을 얼마나 간절히 꿈꿔왔는지 알고 있었고, 그것이 그저 로망이 아니라 내 인생의 목적지 중 하나라는 것도 알고 있었다. 그래서 그녀는, 몸에 아기를 품은 채로, 기꺼이 내 꿈을 응원해 주었다.

남극으로 떠나는 날은 11월 28일.

아내의 출산 예정일은 10월 초였다. 아이의 탄생을 지켜볼 수 있다는 사실에, 다행이라는 말로 마음을 다독였다. 하지만 아내에게는 여전히 미안한 마음뿐이었다.

그리고 10월 7일, 아침 6시 57분. 3.34kg의 건강한 사내아이가 태어났다.

사람들은 말한다. 처음 태어난 아기는 양수에 불어 쭈글쭈글하다고. 예쁘다기보단 징그럽게 보일 수 있으니 놀라지 말라고. 그런데 우리 아들은 달랐다. 태어난 순간부터 뽀송뽀송한 얼굴. 세상에 나온 지 몇 시간은 족히 지난 듯한 모습으로, 너무도 예쁘게 나를 바라보았다.

세상을 처음 만나는 눈빛이 나를 바라보고 있었다.

오태풍.

아들이 태어나기 훨씬 전부터 마음속에 정해둔 이름이다.

'클 태(太), 바람 풍(風)'. 태양처럼 크고 따뜻한 에너지를 품은 바람.

그 이름에는 아주 특별한 사연이 있다. 2007년 가을, 제주에 상륙한 태풍 '나리'는 섬 전체에 큰 피해를 남기고 떠났다. 당시 내가 타던 차도 홍수 피해를 당했고 차량 피해 접수를 마치고 터벅터벅 숙소로 돌아가는 길에 그 길목에서 지금의 아내를 처음 만났다.

연애를 시작하고 얼마 지나지 않아, 나는 아내에게 농담처럼, 그러나 진심으로 말했다.

"우리 나중에 결혼하면, 아들 이름은 '태풍'으로 짓자. 딸이면 '나리'."

그렇게 약속처럼 품었던 이름이, 몇 해 뒤 정말 현실이 되었다. 하지만 우리 아들의 이름 '태풍'은 무섭고 센 바람이라는 뜻의 태풍(颱風)이 아니다. '클 태(太), 바람 풍(風)'.

지구가 얻는 모든 에너지의 근원이자, 생명을 가능하게 하는 '위대한 시작점'인 태양에서 부는 바람. 그래서 이름을 태풍(太風)이라 지었다.

그 누구보다 넓고 크게, 세상에 따뜻한 에너지를 전하는 사람으로 자라나길 바랐다.

사람들은 '태풍'이라는 이름을 들으면 흔히 바다 위를 휘몰아치는 거센 바람을 떠올리겠지만, 나는 지구 바깥, 태양에서 불어오는 그보다 훨씬 더 크고 강한, 근원적인 바람을 떠올렸다. 그 이름엔, 그런 바람처럼 세상에 긍정적인 영향을 주는 사람이 되길 바라는 마음을 담았다.

아직은 어린 네가 그 이름에 담긴 뜻을 다 알 수는 없겠지만, 언젠가 커서 알게 될 그날.

아빠가 너를 얼마나 사랑하고 얼마나 큰 기대를 담아 이름을 지었는지 고개를 끄덕이며 미소 지어주면 좋겠다.

11. 나를 떠나게 한 사람들 그리고 남은 한 사람

꿈을 이루고 돌아온 나는, 다시 숨 막히는 공직사회에 속으로 들어갔다.

기상청에서 시작해 국토해양부를 거쳐, 결국 내가 도착한 곳은 국토교통부의 'H'라는 곳이었다. 국토부안에서도 사람들이 좀처럼 가려 하지 않는 외진 곳, 소위 '한직'이라 불리는 자리.

조직 개편이라는 명분 아래, 7년 동안 여섯 번이나 전국을 옮겨 다녔다.

제주에서 서귀포, 청송, 서울, 대구, 그리고 다시 서울. 마치 먼지만큼도 내 의지는 없는 바람결 같은 삶이었다. 발령에 지친 나는 남극에서 돌아오자마자 결심했다.

'아무도 찾지 않는 곳으로. 내가 찾아가자.'

그렇게 도착한 곳은 전남 화순, 인구 6만의 작은 시골이었다.

그곳에서도 읍내를 벗어나 산길을 따라 한참을 더 들어가야 나오는, 모후산(母后山) 자락의 외딴 사무실이었다.

고도가 900미터에 이르는 그곳은 겨울마다 눈이 자주 내렸지만, 햇볕이 들면 금세 녹아내렸다. 자연도, 사람도, 이름처럼 따뜻했다. 몇 안 되는 직원들과 함께 보내는 날들은 고요했고, 우리 세 식구는 낯선 땅 전라도에 빠르게 적응했다. 돌이켜보면, 긴 공직 생활 속에서 그때가 가장 평화롭고 행복했던 시절이었는지도 모르겠다.

하지만 평온한 시간은 오래 가지 않았다. 권위라는 외투를 입은 상사와의 충돌은 예상보다 빨리 찾아왔다. 억압적인 말투, 고압적인 태도. 팀장이란 위치에 있던 나는 부당한 지시를 일삼는 그 앞에서 조용히 고개를 숙일 수는 없었다. 여러 번 이의를 제기했고, 강한 쇳덩이 같은 상사와 맞부딪쳤다. 그 상사는 얼마 지나지 않아 다른 곳으로 쫓기듯 떠났다. 하지만 이번에는 내가 자청해 그가 있던 근무지로 자리를 옮겼다. 근무 여건은 더 열악했지만, 늘 외딴곳에 홀로 남겨지며 반복되던 오해와 소외감을 더는 견디고 싶지 않았다. 불편한 눈초리와 단절된 분위기를 바꾸고 싶었다. 그래서 피하지 않고, 더 가까운 거리에서 정면으로 부딪쳐보기로 했다.

내가 자청해 간 곳은 광주의 'Y'라는 곳이었다. 직원 수는 30명도 채 되지 않았지만, 그중 대부분은 10년, 어떤 이는 20년 넘게 그곳에서만 근무해온 사람들이었다. 국가직 공무원이라는 이름을 달고도 한 부서, 한 자리에서만 수십 년. 그건 분명 '경험'이라는 단어로 포장될 수 있겠지만, 다른 말로 하자면 '고여버린 시간'이었다.

이곳의 묘한 문화는 처음부터 나를 긴장시켰다. 새로 들어온 직원에게 하나둘 말을 걸어오는 선배들. 하지만 그 말의 공통점은 묘하게도 같았다.
"여기 사람들, 다 조심해야 해. 쉽지 않아. 그래도 나만 믿어."
누구나 자신은 예외라며, 마치 은밀한 정보를 흘려주는 듯한 말투로 조심스레 말을 건넸다. 하지만 몇 주 지나지 않아 깨달았다. 그들은 모두가 서로를 경계하고 있었다.

자기 자리를 뺏기지 않으려, 책임을 더 떠안을까 두려워하며, 혹여 승진 기회가 줄어들까 노심초사하는 눈빛. 그곳은 다가가면 서로를 찌르게 되는, 날카로운 가시를 온몸에 두른 고슴도치들이 살아가는 공간이었다.

물론 나쁜 점만 있던 건 아니다. 그곳은 내가 겪어온 수많은 공직 근무지 중 가장 일이 적고 여유로운 곳이었다. 적어도 여러 곳을 옮겨 다니며 겪어본 내 경험으로는 그렇게 보였다. 하지만 아이러니하게도, 정작 그 안에 있는 사람들만 그걸 몰랐다.
마치 우물 안 개구리처럼.
어떤 말이든 조심스러웠다. "우리가 맡은 일이 생각보다 많진 않네요" 같은 완곡한 말조차, 돌처럼 튕겨 나왔다. 날 선 시선과 가시 돋친 말이 되돌아왔다. 나는 그저 '굴러온 돌'일 뿐이었으니까. 조용히, 묵묵히, 버티는 수밖에 없었다. 적어도 그땐 일이 편했으니까.

하지만 상황은 곧 달라졌다. 아내와 이혼하고, 아들을 홀로 키우게 되면서 이제는 그마저도 버티기 힘들어졌다. 그곳은 방재를 책임지는 기관이었다. 비가 내리고 기상청의 호우주의보가 발효되면 시간이 밤이든 새벽이든 관계없이, 비상 근무를 서야 했다.

전라도 어디든 단 한 지역이라도 주의보가 발효되면, 정해진 순서에 따라 휴일이든 밤이든 한 달에도 몇 번씩 사무실로 출근해야 했다. 강 수위는 눈에 띄게 오르지 않았지만, 담당자의 말은 내 마음을 무너뜨렸다.
"한 번이라도 비상 근무를 더 해야 기관 실적 평가에 도움이 돼요. 비가 많이 안 와도 비상 근무를 줄이면 안 됩니다."
그 말 한마디에 나는 초등학교에 갓 입학한 내 아들을 집에 혼자 두고 깊은 밤, 차를 몰고 상황실로 향해야 했다. 허겁지겁 도착한 그곳에는, 모니터 앞에 앉은 다섯 명의 직원이 인터넷 서핑을 하며 한가로이 야식을 나누고 웃고 있었다. 그 장면은 내 속을 뒤집어 놓았다. 속에서 끓는 것이 올라왔다. 그래서 더는, 참을 수 없었다.

하지만, 모두가 그런 사람만 있던 건 아니다. 정말 따뜻한 사람도 있었다. 마음 깊이 존경할 만한 선배, 나를 유독 잘 따르던 후배, 그리고 결국 내 뒤로 공직을 스스로 내려놓은 후배까지. 때로는 서로 어깨에 기대어 소주잔을 나누던 저녁이 그립다.

그 사람들 때문이었다. 많은 연봉도, 안정적인 신분도 기꺼이 내려놓았지만, 이따금 그 시절이 아련히 떠오르는 이유는.

2020년 11월, 환경부 대기관리과.

물에서 대기로, 나는 새로운 길을 택했다. 광주 생활에 지쳐 세종 본부로 자리를 옮기려 했고, 다행히 받아들여졌다. 그리고 마침내, 내가 원하던 대기국으로 발령을 받을 수 있었다. 물 관련 업무가 익숙했던 내게 대기관리과는 완전히 다른 세상이었다.

그중에서도 가장 바쁘다는 부서에 배치되었고, 매일 쏟아지는 보고와 숫자들, 수천억 원이 오가는 사업과 예산 앞에서 정신을 붙잡기 바빴다.

낯선 환경, 낯선 업무, 그리고 끝도 없는 야근. 하지만 이상하게도 그 바쁨 속에서, 나는 '뭔가를 해내고 있다'는 묘한 감정을 느꼈다. 늘 버텨온 나였다. 이번에도 그랬다. 하루하루를 다독이며 조금씩 익숙해져 갔다. 그렇게 또 한 계절이 흘렀다.

하지만 지금 돌아보면, 본부로 옮긴 건 그리 현명한 선택은 아니었던 것 같다.

큰 뜻을 품고 갔지만, 그곳에서 나는 눈코 뜰 새 없다는 말로는 턱없이 부족할 만큼, 미친 듯이 일에 매달려야 했다.

하루 종일 숫자와 씨름하며 점심도, 저녁도 거를 때가 많았다. 1조 원 규모의 전국 지자체 예산을 취합해 총리실과 기획재정부에 보고서를 올려야 했고, 매일 메일함에는 50건이 넘는 요청 서류가 쌓여갔다. 몸은 점점 지쳐갔지만, 그래도 함께 일하는 사람이 좋기만 했다면 조금은 버틸 수 있었을지도 모른다.

결국은 사람이다. 일이 아무리 많아도 곁에 좋은 사람이 있으면 버틸 수 있고, 일이 아무리 쉬워도 사람이 힘들면 하루도 견디기 어렵다.

나는 서른을 넘기고 마흔에 가까워질 때까지 주변에서 늘 이런 말을 들었다.

"넌 정말 인복이 없다."

어린 시절엔 부모의 빈자리와 학대, 방임이 따라다녔고, 공무원이 된 뒤엔 권위적인 상사와 날 선 동료들이 그림자처럼 곁에 있었다. 그런 삶의 흔적이 내 얼굴에도 드리워졌을까. 어린 시절 무섭게만 느껴졌던 엄마의 화난 표정이, 어느새 내 얼굴에도 스며들어 있었다.

물론, 내게도 할 말은 있었다. 그렇게 살아올 수밖에 없었다고. 그게 다 내 잘못은 아니라고. 하지만 결국, 그 모든 상황을 감당하고 살아가는 것도 내 몫이었다.

그래서 나는 아내와 이별을 맞이하게 되었다. 조금은 지쳐 있었고, 서로를 감당할 여유도 남아 있지 않았다.

애정을 주고받는 평범한 모자지간, 나는 그런 걸 한 번도 경험해 본 적이 없다.

그런 우리 엄마에게조차 살갑게 대하던 속 깊은 아내.

하지만 결국, 우리는 어울리지 않았다. 같은 방향을 바라보지 못한 채 서로의 내면을 조금씩 멀리했다. 그리고 헤어지던 날. 아이러니하게도 우리 엄마는 나보다 그녀를 더 챙기고 있었다.

그 순간 느낀 감정은 서운함도, 원망도 아닌 그저… 텅 빈 허탈감이었다.

자랑스럽게 시작했던 국가공무원 생활. 매달 쥐꼬리만 한 월급을 쥐여주던 국가가, 그와 맞바꾸듯 내게서 가정과 신뢰, 사랑… 너무도 많은 것을 빼앗아 갔다.

그런데도, 그래도… 이 모든 비극적인 이야기 속에 내게 환희처럼 남은 단 하나.

바로 아들이다.

모든 걸 잃어가는 과정에서도 유일하게 내 곁에 남아준 존재. 나는 오늘도 그 아이 덕분에 하루를 버티고, 내일을 살아간다.

아들아, 때로는 세상이 불공평하게만 느껴질 거야. 정직하게 살았는데도 상처만 남고, 열심히 노력했는데 아무도 알아주지 않을 수도 있어. 하지만 기억해 줘.

고통 속에서도 빛나는 순간은 반드시 찾아온다는 걸.

누군가의 삶을 바꾸는 건 대단한 성공보다, 끝내 포기하지 않고 버텨낸 하루하루라는 걸.

네가 어떤 선택을 하든, 네 곁을 끝까지 지켜줄 사랑이 있다는 걸 잊지 마.

그리고 그 사랑이 너를 다시 일으켜 세울 거야. 아빠는 그러지 못했지만, 부디 따뜻한 사람이 되길 바란다. 세상이 차가울수록, 너는 더 따뜻한 사람이 되길.

12. 그날, 나는 공무원을 그만두기로 했다

2021년 8월 13일, 금요일.

나는 아내와 헤어지고 아들과 단둘이 살기 시작했다. 여름방학이 끝나가던 무렵이었지만, 아들은 여전히 학교에 가야 했다. 다른 아이들은 늦잠을 자고, 방학의 여유를 한껏 누리고 있을 시간. 나는 오늘도 아침 일찍 아들 손을 잡고 집을 나섰다. 쓸쓸한 교문 앞에 아들을 내려주고, 혼자 교실로 향하는 뒷모습을 조용히 바라봤다.

아직 초등학교 1학년.

씩씩한 걸음이지만, 어딘지 모르게 외로워 보였다. 그 작은 뒷모습이 시야에서 사라지고 나서야, 나도 발걸음을 옮겼다. 직장까지는 고작 15km. 그런데 출근길은 왜 이리도 막히는 걸까.

오늘도 겨우 9시에 도착. 간신히 세이프다.

사람들은 종종 내게 말한다.

"일 참 잘하시네요."

그런데 이제야 깨닫는다. 그 말속에는 무언가를 희생한 흔적이 숨어 있다는 것을.

내가 잘해보겠다고 발버둥 치는 동안, 우리 아들은 방학에도 돌봄교실로 향했고, 다른 집 아이들이 부모님과 길게 휴가를 떠나는 동안 우리는 늘 짧게 다녀와야 했다.

누군가의 인정은, 결국 누군가의 희생이 만든 결과였다.

정신없이 바쁜 하루 속에서도 문득문득 아들 얼굴이 떠오른다.
'오늘 점심은 아들이 좋아하는 메뉴일 텐데'
'국에 들어간 파는 또 조심스럽게 골라내고 있겠지'
'오후엔 체육 시간이랬는데. 또 신나게 뛰어놀겠구나'

사무실에 앉아 있어도, 마음은 늘 아이 곁을 맴돈다.
오늘도 양해를 구하고 6시 정각 칼퇴근이다. 서둘러 운전대를 잡았지만, 퇴근길 정체는 여전하다. 그래도 다행이다. 오늘은 아들보다 10분밖에 늦지 않았다. 태권도장 차를 타고 먼저 도착한 아들은, 불이 환히 켜진 거실에서 TV 소리를 크게 틀어놓고 나를 기다리고 있었다. 문을 여는 소리에 냉큼 달려오더니 와락 안긴다. 엘리베이터에서 귀신 소리가 들렸다고, 혼자 있는 게 무섭다며 내 품에 안겨 아기처럼 응석을 부렸다. 나는 말없이 꽉 안아주고, 뽀뽀를 퍼붓는다. 그리고 곧장 부엌으로 향해 저녁을 준비한다. 혹시라도 아이가 배를 곯을까 봐 양손이 바쁘게 움직인다.

30분 만에 뚝딱 차린 밥상. 아들은 투정 한번 없이 맛있게 먹는다. 나는 그 모습을 조용히 바라보며 생각한다. 바로 지금, 이 순간이야말로 내가 가장 행복한 시간이라고. 오늘도 아들의 엉덩이를 토닥이며 그렇게 하루를 마무리한다.

아빠든 엄마든, 혼자 아이를 키운다는 건 결코 쉬운 일이 아니다. 그런데도 나는, 많은 이들이 말하는 '독박 육아'가 힘들다고 느껴본 적은 거의 없다. 아니, 독박 육아라고 생각해 본 적이 없다.

체력적으로, 정신적으로 힘겹다는 말에 고개는 끄덕였지만 나는 그보다는 다른 이유로 더 숨이 막혔다. 문제는, 혼자 아이를 키우는 부모에게 이 사회가 아직 충분히 준비되지 않았다는 사실이다. 아이를 초등학교에 입학시키면 곧바로 마주하게 되는 게 '방학'이라는 긴 공백이다.

교사에게도, 아이에게도 방학은 분명 소중한 시간이겠지만, 매일같이 직장을 오가야 하는 부모에겐 고통에 가까운 시간이기도 하다. 농사철을 기준으로 만들어진 긴 방학 제도는 이미 산업사회를 지나 더 복잡한 현대사회로 접어든 오늘날에도 여전히 변하지 않고 남아 있었다.

직장에 나가야 하는 아빠, 혼자 집에 남아야 하는 아이. 그 간격을 채울 방법은 많지 않다. 아이들이 서로 어울려 놀 수 있는 안전하고 즐거운 곳, 그런 곳이 있다는 상상은 아직 먼 꿈처럼 느껴진다.

그래서 오늘도 나는 직장으로 향하며 아들의 손을 꼭 잡는다. 아들에게 미안한 마음이 들 때마다, 나는 그 작은 손을 놓지 않는다. 내 마음의 따뜻함이, 손끝으로라도 전해지길 바라며.

아이들 웃음소리가 들리지 않는 텅 빈 학교. 그곳에 아들을 홀로 내려놓고 돌아설 때, 쌀쌀해진 날씨는 내 마음을 더욱더 시리게 만든다. 겨울방학이 시작되었지만, 오늘도 나는 아침 8시에 어김없이 아들을 학교 앞에 내려주었다.

해도 완전히 떠오르지 않은 회색빛 아침. 그 한기 속에 작은 체구의 아들이 혼자 교실로 향하는 뒷모습을 끝까지 바라보다, 나는 또다시 직장을 향해 발걸음을 옮긴다.

저녁이 되어 집에 돌아오니 오늘따라 아들은 내 품을 떠날 줄을 모른다.
"우리 아들이 왜 이렇게 안기지?"

아들은 저녁을 먹으며 묻지도 않은 이야기를 꺼낸다. 돌봄 선생님이 9시에 출근이라, 그전까지는 교실 문이 잠겨 복도에 앉아 기다렸다고. 나는 그 말을 듣고 가슴이 철렁 내려앉았다. 아직 여덟 살, 한겨울의 아침. 한없이 미안했다. 선생님께 혹시 문을 조금 일찍 열어주실 수 있느냐고 부탁드렸지만, 아이들끼리 있다가 사고라도 나면 안 되기 때문에 어렵다고 하셨다. 그 말도 충분히 이해가 갔다.

문제는 결국 나였다. 내가 조금만 늦게 출근하고, 아들을 돌봄 선생님 출근 시간에 맞춰 보내면 되는 일이었다. 다른 집 아이들도 대부분 그렇게 하는 건지 아침 8시에 학교 앞엔 우리 아들 외엔 아무도 없었다.

'못난 아빠.'

혼잣말이 입 밖으로 새어 나왔다. 내일부터는 옷을 더 든든하게 입혀야 겠다. 그리고 어쩌면 조금 더 과속하더라도, 10분쯤은 아들과 더 함께 있어야겠다고 마음먹었다.

그렇게 아들은 초등학교 1학년 내내, '방학은 집에서 쉬는 시간'이라는 당연한 진리를 누려보지 못한 채 한 해를 보냈다. 아빠의 사정으로, 너무도 이른 아침 교문 앞에 서 있어야 했다. 복도에서 교실 문이 열리기만을 기다리던 쌀쌀한 방학의 아침들. 그 시간이 아들의 기억 속에 어떻게 남을지 두려웠다.

겨울방학이 끝나갈 무렵, 아들과 단둘이 2박 3일 일정으로 통영으로 떠났다.

충무김밥을 먹고, 케이블카와 루지를 탔다. 짧은 휴가였지만, 우리는 그 누구보다 긴 여운을 느꼈다. 나는 아들에게 말하진 않았지만, 마음속으로 조용히 중얼거렸다.

'아들아. 미안해. 그리고 넌 정말 고마운 아들이야.'

세상의 많은 아이들이 자라며 불평도 많아지고, 남들과 비교하며 투정을 부린다지만 너는 단 한 번도 그러지 않았다. 아빠가 하자는 대로, 묵묵히 따라주고, 해맑게 웃어준 네가 나는 그렇게 고마울 수 없었다.

그래서 그날, 조용히 다짐했다. 다시는 너를 추운 아침 혼자 내버려 두지 않겠다고.

2022년 2월. 그렇게, 나는 공무원을 그만두기로 결심했다.

아들아, 세상이 바빠도, 아빠는 너만큼은 놓치지 않기로 했단다. 앞으로도 많은 선택 앞에 서겠지만, 그 어떤 길에서도 너를 먼저 떠올릴게. 네가 웃을 수 있다면, 아빠는 언제든 다시 시작할 수 있어.

"아들아. 너는 언제나 아빠의 가장 첫 번째 선택이야."

13. 오늘도 내일도, 너의 동생이고 싶다

나는 마흔셋의 나이에 공무원을 그만두었다. 정년까지 아직 17년이나 남아 있었으니, 남들보다 훨씬 이른 퇴직이었다. 계속 일했다면, 경력도 연금도 더 쌓이고 지금보다 안정적인 삶을 이어갔을지도 모른다. 그러나 그렇게 살았다면, 아들과 하루 종일 얼굴을 마주하며 지내는 시간도 잃었을지 모른다. 나는 결국 돈보다는 시간을 택했다. 안정된 삶을 내려놓는 일이었고, 다소 불안한 결정이었지만 내게는 지극히 자연스러운 선택이었다.

공무원으로 일하던 시절, 나는 매일 아침 5시에 일어났다. 아들을 깨우고, 따뜻한 밥을 차려 먹이고, 책가방을 챙긴 뒤 손을 잡고 학교에 데려다주었다. 그러고는 부리나케 운전대를 잡고 사무실로 향했다. 늘 시간에 쫓겼다. 아슬아슬하게 9시 정각에 도착해 자리에 앉으면, 이미 하루가 반쯤 지나간 기분이었다.

혼자 아들을 키운다는 걸 아는 몇몇 동료들의 배려를 받기도 했다. 하지만 어디까지나 '가끔'이었다. 대한민국에서 마흔 넘은 남자가 정시 출근, 정시 퇴근을 당당히 고수한다는 건 여간 눈치 보이는 일이 아니었다. 나는 그저 묵묵히 내 일을 해냈다. 누구보다 책임감 있게, 맡은 바를 충실히 감당했다고 생각했지만, 다른 이들의 눈엔 그렇게 보이지 않았을 수도 있다. 아마 이렇게 비쳤을지도 모른다.

'아들 핑계 대며 자꾸 늦게 오는 사람',
'정시 퇴근만 챙기는 이기적인 직원.'

하지만 아무도 몰랐다. 내가 게으른 게 아니라, 하루를 누구보다 일찍 시작하고 있었다는 사실을. 아들을 깨우고 밥을 차려주고, 학교에 데려다주기까지 이미 수많은 일을 해낸 채로 출근길에 오른다는 걸. 숨 가쁘게 달려온 그 아침이, 얼마나 치열했는지를.

낮 시간 중 아이 문제로 잠깐 자리를 비우거나, 하루 일을 마치고 칼같이 퇴근하는 날이면 나도 느낄 수 있었다. 뒤통수에 묘하게 꽂히는 시선들. 말은 없지만, 분위기는 말보다 더 많은 걸 말해주곤 했다.
회식 자리에 빠질 때면, 괜히 찔리는 마음에 몇 번이나 망설였다.
내가 자리를 비운 사이 누군가는 속으로 이렇게 말했을지도 모른다.
'저 자리는 차라리 젊은 사람 하나 더 앉히는 게 낫겠다.'
그런 시선과 오해 속에서 나는 조금씩 지쳐갔다.
그리고 결국, 마음속으로 다짐했다.
'이럴 바에야, 빨리 그만두자. 누가 뭐라 하든. 이건 내 인생이고, 내 아이니까.'

결심은 그렇게 시작됐고, 나는 정말로 퇴직을 선택했다. 누군가에겐 무모한 결정처럼 보였겠지만, 내 마음속에는 흔들리지 않는 하나의 확신이 있었다. 아들과 함께하는 시간만큼 가치 있는 투자는 세상에 없다는 것.
이제 아들은 학교 수업이 끝나면 운동장에서 친구들과 마음껏 뛰어논다.
땀이 송골송골 맺힐 때까지 뛰어놀다 보면, 해가 기울 무렵 교문 앞에 서 있는 나를 발견하고는 두 눈을 반짝이며 달려온다. 그럴 때마다, 나도 모르게 입꼬리가 귀에 걸릴 만큼 활짝 웃고 있는 나 자신을 발견하게 된다.

아들과 나란히 걷는다. 학교 앞 분식집까지 걷는 짧은 길. 오늘은 무슨 일이 있었는지, 친구들과는 잘 놀았는지, 간식을 나누며 소소한 하루를 주고받는다.

이제는 학교에서 열이 나거나 작은 증상이 생겨도, 담임선생님의 전화를 받고 퇴근 시간을 눈치 보며 마음 졸일 일은 없다. 나는 언제나 아들 가까이 있고, 언제든 망설임 없이 달려갈 수 있다. 그 단순한 사실 하나만으로도 내 하루는 훨씬 더 가볍고, 따뜻하다.

이제는 야근도, 당직도 없다. 민원에 시달리거나, 국회 보고에 쫓길 일도 없다. 매일 아들의 아침을 챙기고, 손을 잡고 학교에 데려다주는 일상이 이제는 내 삶의 중심이 되었다. 그리고 저녁이 되면, 누구 눈치도 보지 않고 아들과 마주 앉아 따뜻한 식사를 나눈다.

"태풍아, 오늘은 뭐 먹을까?"

"양념치킨!"

아이의 대답에 절로 웃음이 번진다. 나는 휴대폰을 들고 자연스럽게 치킨을 주문한다.

회식도 없고, 상사의 호출도 없고, 갑작스러운 일정도 더는 없다. 이제는 아이가 좋아하는 음식을 함께 먹고, 그날 있었던 이야기를 들으며 마음껏 웃을 수 있다.

그 무엇보다 소중한, 이 평범한 저녁. 아마도 내 인생에서 가장 특별한 선물은, 이런 날들의 반복 속에 숨어 있는지도 모르겠다.

그럴 때면 문득 이런 생각이 든다.

'정말 잘 나왔다.'

어떤 이들은 아이를 키우는 일이 너무 힘들어서일까, 혼자 하는 육아를 '독박육아'라고 부른다. 나 역시 아들을 혼자 키운다. 게다가 친가나 처가의 도움도 없고, 마음을 털어놓을 친구조차 곁에 없다. 그래서 누군가는 내 삶을 '완전한 독박육아'라 말할지도 모른다.

하지만 정작 나는 그렇게 생각한 적이 없다.

물론 아들의 엄마가 가까이 살고 있고, 아들이 일주일에 하루는, 엄마 집에 다녀온다.

하지만 그 외의 모든 날은 온전히 나의 몫이다. 아플 때도 꾹 참고 일어나 밥을 짓고, 몸살감기가 와도 청소기 손잡이를 붙든다. 손이 찢어져 설거지하기 힘들 때도, 아들 밥은 꼭 챙기고, 빨래도 해내야 한다.

매일 아침과 저녁, 주말에도 온종일 아들과 함께 시간을 보낸다. 세탁기와 건조기를 돌리고, 밥하고, 설거지하고, 청소하고, 분리수거하고, 장보고, 틈틈이 아이 공부까지 챙기다 보면 하루는 금세 저문다. 쉴 새 없이 움직이지만, 이상하게도 이 생활이 싫지 않았다. 아니, 오히려 매일 사랑하는 아이와 따뜻한 봄날을 함께 걷는 기분이었다.

재작년, 아들과 함께 떠났던 러시아 여행이 생각난다. 하루 종일 붙어 다니다 보니, 아들의 말투 하나, 몸짓 하나까지 24시간 내내 온몸으로 느낄 수 있었다. 그전까지만 해도 아침에는 학교에 데려다주고, 저녁 늦게 퇴근해서야 겨우 얼굴을 마주하던 삶이었다.

하루에 고작 2~3시간 남짓, 그것도 피로에 지친 상태에서 아이와 시간을 나누는 게 전부였다.

그런데 여행이 시작되자, 전혀 새로운 세계가 열렸다. 늘 함께 있으니 아들의 말투, 걸음걸이, 손짓 하나까지 그 모든 것이 한층 선명하게 다가왔다. 그동안은 미처 알아차리지 못했던 작은 변화들이 하루하루 눈에 들어오기 시작했다.

아홉 살, 키 작은 아이. 나는 그 나이에 그렇게 표현력이 풍부한 줄도 몰랐다.

'예전엔 저 발음 잘 안됐었는데, 이젠 참 또렷하네.'

'이런 복잡한 문장도 스스로 조립해서 말하네!'

학교에 가지 않았는데도 아이는 눈에 띄게 자라고 있었다. 그리고 나는 그 하루하루의 변화를 누구보다 가까이서 지켜볼 수 있었다.

남들에겐 그저 평범한 성장의 한 장면일지도 모른다. 하지만 내게는 눈물 날만큼 특별한 순간들이었다. 아침에 눈을 뜨는 순간부터, 밤에 눈을 감기까지. 온종일 함께하며 마주한 아이의 성장은 그야말로 '기적'이라는 말 외엔 설명할 수 없는 선물 같았다.

그러던 어느 날, 문득 마음 한구석이 저릿해졌다.

'한국에 있는 아이 엄마한테 너무 미안하다...'

일주일에 겨우 하루밖에 아이를 볼 수 없는 사람인데, 나는 지금 이렇게 여행을 함께하며 아들의 모든 순간을 혼자 누리고 있었다. 사랑스러운 아이의 모습을 나만 간직하고 있는 것 같아, 그게 참 미안했다. 그때, 스치는 생각 하나가 마음을 멈춰 세웠다.

'그래. 나는 지금 독박이 아니라 독점 중이다'

이미 오래전부터 그렇게 느끼고 있었지만, '독점'이라는 단어가 떠오르자 이 시간이 더욱 소중하게 느껴졌다. 한국에서 평범하게 직장을 다녔다면, 내 아이가 자라는 모습을 이렇게 가까이서 지켜보는 건 불가능했을지 모른다. 아이의 하루 중 대부분은 담임선생님이, 그 나머지는 학원 선생님이나 태권도 관장님이 나눠 가졌을 테고, 나는 고작 하루 중 피자 한 판의 한 조각만큼, 내 아이의 작은 한 귀퉁이만 바라보며 살았겠지.

그런데 지금 나는, 내 아이의 성장을 온전히 바라보고 있다. 그 사실 하나만으로도, 나는 참 복 받은 사람이라는 생각이 든다.

무엇이든 다 해주고 싶을 만큼 사랑스러운 아이지만, 늘 마음 한구석에 걸리는 게 하나 있다. 물론 아빠와 엄마가 함께 살지 못하는 현실은 아들에게 가장 큰 미안함일 것이다. 하지만 그것은 내가 어떻게 할 수 없는 일이었기에, 그걸 제외하고 나면, 정말로 아들에게 미안한 건 동생을 만들어주지 못한 일이다.

아들이 다섯 살이던 어느 날, 장난처럼 물어본 적이 있었다.

"태풍아. 동생 만들어줄까?"

"아니, 싫어!"

"왜?"

"동생 생기면 내 장난감 뺏어가잖아."

그때만 해도 내심 안도했다. 아들도 원하지 않으니 괜찮다고. 서운함 같은 건 없을 거라고 스스로를 위로했다. 하지만 얼마 전 아이는 혼잣말처럼 몇 번이나 말했다.

"아빠, 나도 동생 있으면 좋겠어…"

그 순간, 나는 아무 말도 하지 못했다. 작은 눈동자에 스며든 외로움과 그리움을 보는 순간, 마음 한편이 아릿하게 저려 왔다. 아무것도 해줄 수 없다는 무력감에, 그저 떨리는 손끝을 조용히 내려다볼 뿐이었다.

우리 부자는 집에서도, 밖에서도 단둘이 있을 땐 자연스럽게 반말을 주고받는다.

나는 사실 게임을 그리 좋아하지 않는다. 하지만 아들이 좋아하니, 매일 친구처럼 옆에 앉아 함께 시간을 보낸다. 그럴 땐 나이 마흔을 훌쩍 넘긴 아빠도 엉덩이를 실룩이며 춤을 추고, 우스꽝스러운 표정으로 아들을 웃게 하려고 별별 장난을 다 해본다.

그러니 아들에게 나는 때로 유재석 같고, 가끔은 펭수 같기도 하다. 눈물과 콧물을 한꺼번에 쏟던 아들도, 내 장난기 가득한 얼굴을 보기만 하면 어느새 훌쩍이던 콧방울을 터뜨리며 까르르 웃는다. 그 웃음소리를 듣는 순간, 나는 매번 세상에서 가장 사랑스러운 장면을 마주한 듯 가슴이 벅차오른다.

그래서 늘 다짐한다.

'아들아. 네가 외롭지 않도록. 언젠가 네가 아빠가 될 때까지. 아빠가 네 동생도 되고, 장난꾸러기 형도 되어줄게.'

그렇게 오늘도 나는 아들의 형이자 동생이자,
세상에서 가장 든든한 친구가 되어주고 싶다.

4부. 아들과 세계로

14. 그날 밤, 아빠를 울린 너의 서툰 맞춤법

아버지가 일찍 세상을 떠나신 후 나는 어린 시절을 팔순 넘은 할머니와 함께 보냈다.

그 흔한 가족 여행 한 번 제대로 가본 기억이 없다. 그래서인지 마음 한구석엔 늘 다짐처럼 품고 살았다.

'나중에 내 가족이 생기면, 꼭 자주 여행하자.'

이혼 후, 나는 그 약속을 실천하기로 결심했다. 아들과 함께 여행하기 위해, 20년을 다닌 공무원직을 과감히 내려놓았다. 그때 아들은 초등학교 2학년, 아홉 살이었다.

한국에서 타던 자동차를 러시아로 가져가, 본격적인 자동차 여행을 시작했다.

처음엔 배낭여행도 고민했지만, 어린아이가 무거운 가방을 메고 낯선 교통편을 갈아타는 건 무리였다. 그러다 유라시아 대륙을 자동차로 횡단한 사람들의 이야기를 접했고, 그 여정이야말로 지금 우리에게 가장 현실적이고도 안전한 방법처럼 느껴졌다.

그날부터 밤마다 노트북을 열었다. 지도 위에 경로를 그리고, 준비물을 하나씩 정리해나갔다. 수십 번 시뮬레이션을 돌리며, 머릿속으로 우리만의 여정을 반복해서 그려보았다.

그리고 마침내, 2022년 9월 30일, 우리는 동해항에서 러시아 블라디보스토크로 향하는 배에 올랐다. 입국 후 꼬박 나흘 만에 세관을 통과해 차량을 인도받았고, 그제야 비로소 진짜 여행이 시작되었다.

여행 첫날, 아들이 말했다.

"아빠, 우리 차 이름 지어주자."

"그래. 이제 우리 셋이 함께 여행하는 거니까. 어떤 이름이 좋을까?"

"흰둥이! 하얀색이니까 흰둥이라고 부를래."

"좋다. 흰둥이라고 하자."

그렇게 우리의 새 여행 동료가 생겼다. 반짝이는 하얀 차 한 대, '흰둥이'는 이제 낯선 길을 우리와 함께 달리게 되었다. 러시아는 동쪽에서 서쪽까지 무려 1만 km에 이른다. 땅은 넓고, 사람은 적다. 도시와 도시는 수백 km씩 떨어져 있다. 한 번 운전대를 잡으면, 기본이 500km였다. 눈 깜짝할 새 하루가 도로 위에서 흘러가곤 했다.

우리는 블라디보스토크에서 차를 왼쪽으로 돌렸다. 시베리아 횡단도로의 반대 방향, 북한 쪽으로. 목적지는 북한·중국·러시아 3국 국경에서 약 10km 떨어진 작은 마을, 크라스키노였다. 그곳은 일제강점기, 독립운동이 뜨겁게 타올랐던 땅이다.

안중근 의사를 비롯한 열두 명의 항일 투사들이 단지하고, 혈서를 쓰며 대한독립을 맹세했던 곳. 나는 아들에게 역사 이야기를 들려주고 싶어, 여행의 방향을 살짝 틀었다.

목적지에서 멀어지더라도, 꼭 들러야 할 곳이라 생각했다. 한참을 달려 도착한 크라스키노. 그들의 뜻을 기리는 단지 동맹 기념비가, 지금은 외로운 들판 한가운데에 조용히 서 있었다. 비석 앞에 아들과 나란히 섰다. 넓은 벌판, 바람 한 점 없이 고요한 풍경 속에서 우리는 그 비석에 꽃을 바치고 고개를 숙였다.

그 순간 아들의 작은 손을 꼭 쥐며 말했다.

"기억하자. 우리가 지금 서 있는 이 땅 위에. 그런 사람들이 있었다는 걸."

묵념을 마친 뒤, 다시 차에 올라 하바로프스크 방향으로 향했다. 하루에 500km 넘는 구간을 달리는 날들이 이어졌다. 끝도 없이 펼쳐지는 길 위에서, 시간은 마치 멈춘 듯 흘러갔다.

러시아는 도시와 도시 사이의 간격이 멀었다. 그 사이엔 작은 마을 몇 개가 듬성듬성 있을 뿐, 주유소 하나 찾기도 쉽지 않았다. '조금만 더 가면 뭐라도 하나 나오겠지'하며 달리다 보면, 어느새 수백 킬로미터를 내리 달리고 있는 날이 많았다.

그렇게 여행 7일째, 결국 몸이 말을 듣지 않기 시작했다.

시베리아의 작은 도시, 벨로고르스크에 도착한 날이었다.

사실 그전부터 몸에 신호는 있었다. 운전 중 가끔 어지러웠지만, 차를 세우고 잠깐 쉬면 괜찮아졌기에 대수롭지 않게 넘겼다. 하지만 그날 새벽, 눈을 뜨자마자 세상이 빙글빙글 돌기 시작했다. 몸을 일으킬 수도 없었다. 고개를 들 수조차 없어서, 억지로 눈을 감고 다시 잠을 청했다.

"아빠, 배고파요."
"태풍아, 일어났니...?"

겨우 정신을 가다듬고 일어나긴 했지만, 이번엔 구역질이 몰려왔다. 몸이 부서질 듯 힘겨운 와중에도 서둘러 즉석밥을 데워 아침을 차려줬다. 그러고는 다시 침대에 쓰러졌다.

며칠 전부터 계속된 어지럼증이 마음에 걸려, 어제 호텔 직원에게 병원 위치를 미리 물어봤던 참이었다. 큰 병원까지는 차로 한 시간쯤 걸리는 거리였지만 급하면 구급차를 부를 수 있고, 다행히 길 건너편에 작은 병원도 하나 있다고 했다.

그날 아침, 나는 마음속으로 되뇌었다.
'9시에 병원이 문을 열면, 아들이랑 가야겠다.'
그리고 아들에게 말했다.
"태풍아, 아빠가 너무 어지러워서... 이따 병원에 가야 할 것 같아."
"왜? 아빠 많이 아파?"
"그래. 계속 어지럽고, 토할 것 같아. 걷기도 힘들어."

이제 막 120cm를 넘긴 키 작은 아들이 조심스레 내 팔을 잡았다. 그 작고 여린 손에 의지해 길 건너 병원으로 향했다. 간판에는 '산부인과'라는 글씨가 적혀 있었다.

잠시 기다리다 진료실에 들어갔고, 말이 통하지 않는 의사에게 번역기를 건네며 증상을 설명했다. 의사는 말없이 고개를 끄덕이며 신체 기능을 검사하기 시작했다.

의사의 말대로 몸을 움직이는데 어딘지 모르게 불안한 기분이 들었다. 가만히 보니, 뇌졸중 여부를 확인하는 검사였다. 왠지 찜찜했다. 그래서 다시 번역기를 꺼내 들었다.

"단순한 어지럼증이에요. 다른 증상은 없어요."

의사는 내일 다시 와서 혈액 검사를 해보자고 말했다. 하지만 이곳에서 정확한 진단까지는 꽤 시간이 걸릴 듯했다. 나는 일단 "알겠습니다"라고 말한 뒤 조용히 진료실을 나왔다. 그런데 아들이 곁에 있다는 사실이 마음을 더 조급하게 만들었다.

'혹시라도 위급한 상황이 생기면 어쩌지?'

근처 작은 식료품점에 들러 몇 가지 간식을 샀다. 숙소로 돌아오는 길, 아들의 작은 손이 내 팔을 꼭 붙들고 있었다. 그 조그만 손에서 전해지던 따뜻한 온기가, 오히려 나를 더 불안하게 했다.

"태풍아. 아빠가 지금 너무 어지러워서... 오늘은 태풍이 혼자 놀아야 할 것 같아. 괜찮겠어?"

"아빠, 진짜 많이 아파?"

"응. 아빠가 아파서 토한 거 본 적 없지? 그런데... 아까 병원 앞에서 토했어."

"그래? 아빠 그러면 얼른 누워서 쉬어. 오늘은 나 혼자 놀게."

휘청이는 몸을 억지로 일으켜 아들의 점심을 간신히 챙겨주고는 그대로 침대에 쓰러졌다. 눈을 감는 순간 아들의 작은 손이 자꾸 떠올랐다. 그 손을 잡은 내가 아니라 그 손에 의지하고 있는 내가 있었다.

시베리아.

이곳은 한국에서 오려면 족히 일주일은 걸리는 거리다. 우크라이나와의 전쟁 여파로 러시아와 한국 간 직항 항공편은 이미 끊긴 지 오래다. 그나마 일주일에 한 번, 동해에서 블라디보스토크로 가는 여객선 하나만이 유일한 통로였다. 하지만 그 배를 타고 러시아에 도착하더라도, 여기 벨로고르스크까지는 다시 1,000km 넘는 길을 차로 달려와야 한다. 그 생각이 머리를 스치는 순간, 마음이 덜컥 내려앉았다.

'내가 정신이라도 잃으면, 아들은 어쩌지?'

가슴이 조여왔다. 혹시라도 모를 상황에 대비해야 했다.

도움을 청할 사람을 떠올리던 순간, 며칠 전 동해에서 같은 배에 차를 싣고 왔던 백진수 형님이 문득 생각났다. 블라디보스토크의 한 식당에서 함께 식사할 때 '형수님이 러시아 사람이라 당분간 처가인 우수리스크 근처에 머문다.'라고 한 말이 기억났다.

망설임 없이 전화기를 들었다.

"형님, 저 영식이에요. 잘 계시죠?"

"아~ 영식 씨. 잘 있지? 유튜브도 잘 보고 있어."

"네, 형님. 그런데 저 지금 벨로고르스크인데요... 저 이석증이 온 것 같아요. 너무 어지러워서 몸을 제대로 못 움직이겠어요. 아들 때문에 걱정돼서 연락드렸어요."

"그래? 아이고, 어떡하냐? 무슨 일 있으면 바로 전화해. 아들한테도 내 번호 꼭 알려주고. 거기면 우리 금방 갈 수 있어. 내가 아내랑 교대로 운전하면 돼. 진짜 급하면 바로 전화해."

"네, 정말 감사해요, 형님. 든든하네요. 또 연락드릴게요."

통화를 하고 나서야 마음 한편이 조금 놓였다.

'이제 됐다. 최소한 누군가에게 도움을 청할 수는 있으니까.'

이제 남은 건 치료 방법이었다. 그때, 갑자기 한 사람이 떠올랐다.
2015년, 남극세종과학기지에서 함께 월동 생활을 했던 의사. 당시에도 똑 부러졌던 동생 주섭이다. 지금은 미국에서 일하고 있다고 들었지만, 망설일 이유가 없었다. 바로 연락했다.
"주섭아, 나 지금 엄청 어지럽고…. 토할 것 같고…. 몸도 잘 못 움직이겠어."
한참 내 말을 듣고 있던 주섭이가 말했다.
"형님, 직접 보지 않아 정확하진 않지만, 이석증일 가능성이 커요. '애플리 메뉴버'라는 물리치료 방법이 있어요. 유튜브에 찾아보면 영상도 많으니까 꼭 해보세요."
'애플리 메뉴버? 처음 듣는 말인데….'
그래도 뭔가 할 수 있다는 것만으로 숨통이 트였다.

아들 저녁을 서둘러 챙긴 뒤, 나는 휴대폰으로 동영상을 찾아봤다.
고개를 돌리고, 몸을 기울이고…. 익숙지 않은 자세를 한참이나 따라 하다 지쳐서 그대로 잠이 들었다.

그리고 다음 날 새벽, 눈을 떠보니 어제보다는 훨씬 나아진 느낌이었다.
아직 조금 어지럽긴 하지만, 적어도 토할 정도로 심하지는 않았다.
'다행이다…'
안도감이 밀려오자, 비로소 방 안 풍경이 눈에 들어왔다. 침대 가장자리에 대롱대롱 매달린 아들이 보였다. 아마도 하루 종일 휴대전화를 들여다보다가 그대로 잠든 모양이었다.

작은 손엔 여전히 휴대전화가 꼭 쥐어져 있었다. 나는 조심스레 손에서 휴대폰을 빼냈다.

화면을 켜보니 익숙한 검색창이 떠 있었다.

'어? 게임도 아니고, 유튜브도 아닌데… 왜 검색창이지? 아직 검색어 입력도 서툰 아이인데.'

스크롤을 내리자, 검색 기록이 보였다. 나는 그대로 숨이 멎었다.

'이석증 나는 법'

'이석증 다 나는 법'

'어지러울 때 나는 법'

맞춤법은 엉망이었지만, 그 작디작은 손으로 꾹꾹 눌러 입력한 흔적이었다.

아빠가 낫기를 바라며, 혼자서 해답을 찾아보려 했던 아이.

그 자리에 선 채 나는 꼼짝도 할 수 없었다. 눈물이 흘렀다. 그리고 조용히 아들을 꼭 껴안았다. 미안하고, 안쓰럽고, 고마워서…. 그 모든 감정이 한꺼번에 밀려와, 끝내 터져버렸다.

새벽의 시베리아.

작은 방 안에는 어린 아들의 숨결과 나의 뜨거운 눈물이 함께 번지고 있었다.

'아들아. 너는 그 작은 손으로 아빠를 지켰단다. 아빠도 앞으로 평생, 너를 지켜줄게.'

[유튜브 영상보기] →

15. 누군가의 소원이 된다는 것

2022년 12월, 아들과 함께 시베리아와 북유럽을 지나 네덜란드의 헤이그에 도착했다.

사실 이 여정은 단순한 여행이 아니었다. 러시아와 북한 국경의 작은 도시 '크라스키노'를 출발점으로 삼았던 건, 아들에게 독립운동의 흔적을 보여주고 싶었기 때문이었다.

단지 동맹 기념비 앞에서 헌화를 하고, 우수리스크에선 이상설 선생의 유허지에서 묵념을 했다. 그렇게 우리는 조국의 독립을 위해 목숨을 걸었던 분들의 발자취를 떠올리며 시베리아를 횡단했고, 결국 백이십여 년 전 만국평화회의가 열렸던 도시, 헤이그에 도착했다.

헤이그는 우리에게 익숙한 도시는 아니었지만 이곳에는 이준 열사가 순국하신 자리에 세워진 기념관이 있다.

2012년 12월, 나는 혼자 이곳을 찾았던 기억이 있다. 조용히 기념관을 둘러본 뒤, 방명록에 이런 다짐을 남겼었다.

'나중에 아이가 생기면, 꼭 이곳에 다시 오겠습니다.'

그리고 정확히 10년이 지난 지금, 나는 그 약속을 지키러 아들 손을 잡고 다시 찾았다.

작은 손을 꼭 잡은 채, 다시 이준 열사 기념관을 찾은 그날. 관장님 내외분이 반갑게 맞아주셨고, 어린아들과 함께 왔다고 하니 귀한 컵라면과 간식까지 챙겨주셨다.

내가 10년 전에도 이곳에 들렀었다고 하자, 관장님은 오래된 방명록을 꺼내 보여주셨다.

그 안엔, 정말로 내 이름이 남아 있었다. 방명록을 들여다보던 아들이 신기하다는 듯 말했다.

"아빠, 나도 쓸래."

"그래. 아빠도 10년 전에 여기 적으면서 소원을 빌었거든. 언젠가 너랑 다시 오겠다고. 그리고 정말 왔잖아. 이번엔 네 소원을 빌어봐."

아들은 조용히, 내가 듣지 못하게 중얼거리며 방명록에 무언가를 적었다. 무슨 소원을 빌었느냐고 물었지만, 대답은 돌아오지 않았다. 그러고는 몇 걸음 떨어진 자리에서 아들이 슬며시 나를 바라보며, 마치 비밀을 숨기듯 미소 지으며 말했다.

"아빠랑 엄마랑 다시 만나게 할 거야."

[유튜브 영상보기] →

아들은 평소 아빠와 단둘이 지낸다. 그리고 일주일에 한 번, 엄마를 만나 하룻밤을 함께 보낸다. 아직 어린 아들은 여러 번 설명을 들어도 '헤어짐'이라는 개념을 완전히 이해하지 못한다. 하지만 한 가지는 분명히 알고 있다. 아빠와 엄마가 자신을 얼마나 사랑하는지, 그리고 자기 말이라면 두 사람 다 무엇이든 들어줄 거라는 굳은 믿음.

아들은 진심이었다. 자기 말이라면 뭐든 이루어질 거라 믿는 나이. 그렇게 소원을 빌면, 아빠와 엄마가 다시 함께 살게 될 거라 굳게 믿는 눈치였다. 나는, 그 믿음을 품은 채로 깡충깡충 뛰어가는 아이의 뒷모습을 보며 가슴 한편이 먹먹해졌다. 그래서 마음속으로 조용히 되뇌었다.

'태풍아. 미안해. 세상 모든 소원이 다 이루어질 순 없겠지만, 한 가지는 꼭 약속할게. 아빠랑 엄마가 널 사랑하는 마음만은 절대, 변하지 않을 거야.'

그렇게 우리의 발걸음은 계속 유럽을 따라 이어졌다. 벨기에, 프랑스를 지나 이탈리아의 로마에 이르렀을 때쯤, 나에게 또 하나의 전환점이 찾아왔다.
'기상사무관 오영식, 퇴직을 명함.'

나는 아들과의 여행 중 한 장의 문서를 받았다. 단 몇 줄짜리 공문 한 장으로, 내 20년 공직 생활이 공식적으로 끝난 순간이었다. 나라를 위한 20년의 대가. 그 문서를 받은 곳이 수천 년의 역사를 간직한 도시, 로마여서였을까. 생각보다 마음은 무겁지 않았다.

퇴직 당일, 아들과 함께 로마 시내를 걷다가 트레비 분수로 향했다.
아이스크림을 좋아하는 아들을 위해 젤라토 가게로 들어갔다.

"태풍아. 젤라토 원조가 여기 이탈리아야. 로마에서 제일 맛있는 가게래. 한번 먹어봐~"

"진짜야? 빨래빨라~ 딸기 맛으로 해줘~"

아들은 트레비 분수보다 손에 들린 딸기 맛 젤라토에 더 마음이 쏠려 있었다. 나는 그런 아들의 옆모습을 바라보며 흐뭇하게 웃었다.

"아. 참. 여기 트레비 분수에 동전 던지면서 소원 빌면 들어준대~"

"그래? 응, 알았어~"

아들은 대답은 했지만, 여전히 분수보다 젤라토에 푹 빠져 있었다.

"태풍아. 오늘 힘들었지?"

"응, 다리 아파. 근데 젤라토 먹으니까 괜찮아졌어."

나는 아이 옆에 앉아 모자를 벗으며 말했다.

"이제 숙소에 가서 푹 쉬자. 아빠도 좀 힘드네. 아빠도 이제 늙었나 봐."

아들은 젤라토를 입에 물고는 슬쩍 나를 곁눈질로 바라봤다. 염색을 못해 드러난 내 흰머리를 몇 번이고 힐끗거리며 쳐다봤다.

"아냐~ 아빠 안 늙었어!"

"아냐~ 진짜로. 아빠 요즘은 많이 걷기도 힘들어. 이제 아빠도 할아버지가 다 됐나 봐~"

장난처럼 툭 던진 말이었는데, 아들은 금세 울먹이는 얼굴로 말했다.

"아냐... 아냐... 아빠 안 늙었어!"

말끝이 떨렸다. 그러고는 내 손을 꼭 잡았다. 아직은 작지만 따뜻한 손. 그 손끝에서, 아들의 작은 떨림이 전해져 오는 듯했다.

조금 뒤, 아들이 젤라토를 다 먹고는 자리에서 일어섰다. 그리고 갑자기 나를 향해 말했다.

"아빠, 잠깐만! 동전 하나만 줘."

"동전은 왜?"

"트레비 분수에 소원 빌게."

"아. 그럴래?"

나는 조용히 동전 하나를 건네주었다. 아들은 분수 앞으로 가더니 진지한 얼굴로 동전을 던졌다. 그리고 잠시 눈을 감았다.

"아빠, 다 했어. 이제 가자."

"소원 뭐 빌었는지 물어봐도 돼?"

"안 돼. 말 안 해줄 거야."

"그래. 알았어."

2023년 3월 2일.

오늘은 내가 국가공무원에서, 43세의 이른 나이에 퇴직한 날이다.

그래서 저녁은 오랜만에 삼겹살을 구워 먹기로 했다.

"태풍아. 오늘은 아빠가 삼겹살에 소주 한잔하고 싶다."

"삼겹살이랑 소주? 왜? 오늘 무슨 날이야?"

"응. 오늘은 아빠가 나라를 위해 20년 동안 일하다가 그만둔 날이야. 태풍이가 어릴 때 같이 더 많이 놀고, 더 행복하게 살려고."

"그래?"

"우리. 앞으로 더 행복하게 살자. 짠~"

퇴직 기념 만찬을 아들과 함께 맛있게 먹고 나니, 문득 오늘 트레비 분수에서 아들이 무슨 소원을 빌었는지 궁금해졌다. 아들이 잠든 사이, 살며시 일기장을 펼쳤다. 삐뚤빼뚤한 글씨로 이런 글이 적혀 있었다.

[유튜브 영상보기] →

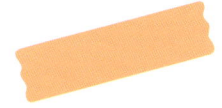

오늘 피자도 먹고 많이 걷다가 트레비 분수에서 젤라토를 먹었는데 엄청 맛있었다. 역시 젤라토는 이탈리아가 맛있는가 보다.

아빠가 트레비 분수에 동전을 던지고 소원을 빌면 들어준다고 해서 소원을 빌었다. 우리 아빠 오래오래 살게 해주세요.

하늘나라에 가면 안 돼요. 저랑 백 살까지 살게 해주세요.

웃음이 났다. 나랑 단둘이 지내는 아들은, 내가 늙어서 하늘나라에 가는 게 두려웠던 모양이다.

나는 말없이 웃었지만, 마음속으로 조용히 이렇게 되뇌었다.

'태풍아. 괜찮아. 아빠 아직 건강해. 그리고 우리, 정말 백 살까지 함께 하자.'

학대받고 의지할 곳 하나 없던, 누구에게도 사랑받지 못한다고 느꼈던 나였다.

그런데 버티고 또 버텼더니, 이렇게 나를 위해 소원을 빌어주는 소중한 사람이 내 곁에 생겼다. 언제나 나를 사랑 가득한 눈빛으로 바라봐주는 사람이. 그래서 지금, 세상 어딘가에서 힘들어하고 있는 누군가에게 꼭 전하고 싶은 말이 있다.

'제발, 포기하지 말고 살아가자.'

끝이 보이지 않는 터널이라 해도, 언젠가는 반드시 따뜻한 빛이 비친다. 누구에게나, 그런 봄날은 찾아온다. 그러니 오늘 이 밤, 이 한마디를 꼭 기억하자.

당신도, 누군가의 '백 살까지 함께하고 싶은 사람'이라는 걸.

16. 아빠의 흰머리에 담긴 약속

나는 어려서부터 흰머리가 많은 편이었다. 중·고등학교 시절은 짧은 스포츠머리를 해야 했던 터라 새치가 더 눈에 띄었고, 친구들에게 놀림을 받을 만큼 어릴 때부터 흰머리가 많았다. 결혼하고 마흔을 넘기자, 이제는 염색하지 않으면 검은 머리보다 흰머리가 더 많아 보일 정도가 되었다.

아들이 여덟 살이 되던 해. 단둘이 살기 시작한 지 얼마 안 된 저녁이었다.

샤워를 마치고 나오니, 눈앞에서 깡총거리던 아들이 얼마나 귀엽던지 웃음이 절로 나왔다. 나는 그 웃음 끝에, 이렇게 말했다.

"아이고~ 이렇게 예쁜 아들 남겨두고 아빠가 나중에 어떻게 하늘나라에 가지?"

아들은 고개를 갸웃하며 되물었다.

"아빠도 하늘나라에 가? 왜?"

"응. 사람은 나이가 들면 꼬부랑 할아버지가 되고, 머리가 하얘져. 검은 머리카락이 하나도 안 남고 다 하얘지면… 하늘나라에 가는 거야. 아빠도 언젠가는 그러겠지."

아들은 눈을 동그랗게 뜨고 단호하게 말했다.

"아냐! 아빠는 안 돼. 아빠는 태풍이랑 계속 살아야 해. 가지 마!"

그 말에 나는 또 한 번 웃음꽃이 피었다. 순수한 눈빛과 말 한마디에 마음 한구석이 따뜻해졌다. 그날 이후로, 나는 아들과 함께 학교에 갈 때마다 왠지 모르게 머리카락 색에 신경이 쓰였다. 흰머리가 많은 아빠를 혹시 할아버지로 오해하지 않을까 싶어, 늘 염색하고 다녔다.

아들이 아홉 살이던 해였다. 우리는 러시아를 지나 북유럽과 프랑스를 거쳐, 두 달 넘는 자동차 여행 끝에 이제 막 스페인 땅을 밟은 참이었다. 매일같이 운전하고, 밥을 짓고, 빨래하고, 다음 날 갈 도시를 검색하는 바쁜 일상에서 두 달 가까이 염색하지 못했다.

그리고 스페인의 산티아고 데 콤포스텔라에 도착했다. 그곳은 '산티아고 순례길'의 종점이자, 천 년 전 한 교황의 이런 말 한마디로 세계적인 성지가 된 도시다.

"산티아고 순례를 다녀오면, 천국으로 직행할 수 있다. 그러니 산티아고로 떠나라."

그 말을 따라, 수많은 사람이 이곳을 향해 걷는다. 비록 우리 부자는 800km의 순례길을 걷지는 않았지만, 러시아에서부터 무려 2만 2천 km를 달려 이 광장 앞에 서자, 말로 다 표현하기 어려운 벅찬 감정이 밀려왔다.

광장을 가득 메운 고요함, 하늘을 찌를 듯 솟아오른 대성당의 첨탑. 이 모든 풍경이 가슴 깊이 스며들었다. 나는 속으로 조용히 다짐했다.

'언젠가 아들과 꼭 이 순례길을 걸어보자. 그리고 다시 이 광장에 누워, 함께 하늘을 바라보자.'

성당을 둘러본 뒤, 서둘러 숙소로 돌아왔다. 아들은 쉬게 하고 혼자 장을 보러 나갔다. 낯선 도시의 시장 골목을 돌아다니며 고기와 채소를 샀다.

'여행 중에도 하루 한 끼는 꼭 한식을 먹이자.'

그렇게 마음먹고, 숙소에서 쌀밥을 짓고 미역국을 끓였다.

고기를 굽고 있는데, 아들이 뒤에서 조르듯 말했다.

"아빠, 빨리 와. 나랑 놀기로 했잖아. 어제도 늦게 도착해서 나랑 못 놀았잖아."

"응. 그래. 아빠가 빨리 밥만 하고. 그다음에 같이 놀자. 잠깐만 혼자 놀고 있어."

나는 아들을 달래며 서둘러 저녁 준비를 마쳤다. 밥이 되는 동안 세탁기를 돌린 뒤, 고기를 굽고 미역국도 데웠다. 쉴 틈 없이 손이 바빴다. 그 사이 아들은 몇 번이나 내 등 뒤로 다가와 재촉했다.

"아빠, 언제 와? 아빠, 이제 놀자~"

그 시간은 아들에게 하루 중 가장 기다려지는 순간이었다. 어쩌면 아들에게는 순례자에게 무한한 감동으로 다가오는 산티아고 성당의 아름다움보다도 이 시간이 더 소중했을지 모른다. 매일 저녁 8시부터 10시, 아빠와 함께 노는 시간. 아들은 1분이라도 더 함께 있고 싶어, 항상 온갖 귀여운 전략을 펼치곤 했다.

저녁을 후다닥 차려 아들과 맛있게 먹고, 설거지를 마친 뒤 우리는 함께 화장실로 들어갔다. 양치하고, 이제 막 샤워를 하려고 모자를 벗는 순간—아들이 나를 멍하니 바라보며 손으로 내 머리를 가리켰다.

"아빠... 머리가..."

아들은 마치 충격적인 장면이라도 본 듯, 굳은 표정으로 서 있었다.

하루하루가 정신없이 흘러가는 사이, 거울 한 번 들여다볼 여유조차 없었다. 그러다 그날, 세면대 앞에 선 나는 거울 속 내 모습과 마주했다. 그 안에는, 두 달 넘게 염색하지 못해, 마치 머리 위로 흰 눈이 내린 듯 하얗게 변해 버린 내가 서 있었다. 생각해 보니, 아들은 한 번도 염색하지 않은 내 머리를 본 적이 없었다. 흰머리가 조금이라도 보일 듯하면, 늘 부랴부랴 염색을 했으니까. 그날 처음, 모자를 벗은 아빠의 하얀 머리를 본 아들은 놀란 듯 얼어붙은 표정으로, 내게 조심스럽게 말했다.

"아빠... 머리가..."

"아 아빠 염색 안 해서 그래. 오새 계속 운전하고 밥하느라 바빠서 염색할 시간이 없었잖아. 나중에 할게. 얼른 씻고 놀자. 빨리 놀자며?"

나는 대수롭지 않다는 듯 말했지만, 잠시 말이 없던 아들은 조용히 말했다.

"아니야. 아빠, 그러면 지금 빨리 염색해. 오늘은 나 혼자 놀게."

"왜? 이따 너 자면 아빠 혼자 염색해도 되잖아. 어제도 못 놀았는데."

"아니야"

"왜? 보기 싫어?"

그때, 아들의 입에서 조용히 튀어나온 한마디.

"아빠가 그랬잖아. 사람은 머리가 다 하얘지면... 하늘나라 간다고. 그러니까 얼른 염색해."

한동안 잊고 있던 일이었다.

아들이 여덟 살 무렵, 내가 무심코 했던 그 말을 아들은 마음속에 고스란히 담아두고 있었다. 오랜만에 모자를 벗은 아빠의 머리를 보고, 하얗게 변해가는 모습이 걱정되었던 걸까. 아들은 그 어린 마음으로 '하늘나라'라는 단어를 떠올렸고, 아빠를 오래오래 곁에 두고 싶다는 간절한 마음을 그렇게 표현했다.

나는 웃으며 말했다.

"아직 검은 머리도 많아. 걱정하지 마."

그 말로 아들을 안심시키긴 했지만, 잠자리에 누워 눈을 감은 순간, 아들의 그 순수한 한마디가 가슴 깊이 파고들었다.

하늘처럼 믿던 부모가 어느 날 사라질지도 모른다는 감정이, 아직 어린 아이의 마음속에도 자리 잡고 있다는 걸 나는 처음 알았다. 그래서 나는 오래오래 아들 곁에 머물며, 사랑을 아낌없이 주고 싶다. 하지만 그런 바람조차 내 마음대로 되지 않는다는 걸, 나는 너무도 잘 알고 있다. 문득 생각했다. 지금 내 옆에 있는 이 아이를 지키고 싶은 마음은 단지 핏줄이기 때문일까? 나는 스스로에게 던진 그 철학적인 질문에 대해, 이날 아들을 통해 '말이 아닌, 가슴으로' 응답을 받았다.

나를 지켜주고, 사랑해주는 사람이 오래오래 곁에 있기를 바라는 마음.

사실 나는 그런 바람조차 가져보기 전에 엄마는 내 곁을 떠나가셨고, 아빠는 내 목소리가 닿지 않을 만큼 먼 곳에 가버리셨다.

어릴 적, 기댈 곳 하나 없이 매일같이 학대 속에서 자란 아이는 어떻게든 버텨 어른이 되었다. 하지만 세상에 홀로 남겨진 채 아무런 기반 없이 시작한 삶은, 끼니조차 걱정해야 할 만큼 팍팍했다. 그런 날들 속에서, 나는 스스로에게 체념하듯 이렇게 말하곤 했다.

'어차피 나를 기다려줄 사람도 없는데 뭐…'

그 시절의 나는 나를 사랑해주는 사람도, 내가 사랑하는 사람도 이 세상에 없다고 느꼈다. 그런데 이상하게도 '세상을 포기하고 싶다'라는 생각이 들 때마다, 오히려 이런 마음이 들었다.

'그럼 이왕 죽을 거 뭐든 한번 해보고 죽자.'

그렇게 하루하루를 버텼다. 버티고 또 버틴 끝에 공무원이 되었고, 사랑하는 사람과 가정을 이루었다. 세상 누구보다 소중한 아이를 품에 안게 되었고, 그 아이는 조금씩 자라 이제는 나에게 사랑을 건네는 존재가 되었다.
'버티니까 이런 날도 오는구나!'

누구에게나 따뜻한 봄날은 오는 법이다. 다만 나에게는 조금, 아니 꽤 늦게 찾아왔을 뿐.
하지만 결국, 나에게도 봄날은 찾아왔다.

그날 밤, 나는 조용히 속삭였다.
'태풍아, 걱정마. 아빠는 오래오래 살아서 너랑. 그리고 손자랑 셋이 꼭 이 광장에 다시 올 거야.'

[유튜브 영상보기] →

5부. 삶과 죽음, 그리고 남은 꿈

17. 나는 아직 실패하지 않았다

아들과 함께한 긴 여행을 마친 뒤, 나는 새로운 삶을 준비했다.

평화롭고(和) 순한(順) 남쪽 마을, 전남 화순. 아들이 다니던 초등학교 앞에서 학원을 열기로 마음먹었다. 그냥 돈을 벌 생각이라면, 장사든 뭐든 방법은 많았다. 대도시에서 사업을 하면 큰돈은 아니더라도, 먹고사는 데 모자라지 않게는 벌 자신이 있었다. 하지만 나는 그런 도시보다, 아들이 마음껏 뛰어놀 수 있는 시골이 더 따뜻하게 느껴졌다. 성적에 시달리거나 친구들과 비교당하지 않고, 학원에 쫓기지 않아도 되는 일상. 그런 느슨한 일상이야말로 우리에게 가장 잘 어울린다고 믿었다.

사실 내 경험으로만 보면, 중고등학생 대상의 입시학원을 열어도 무난히 자리를 잡을 수 있었다. 고등학교 3년 동안 성적이 눈에 띄게 오른 경험이나, 20대 시절 내가 도와 명문대에 간 후배들을 떠올리면 더욱 그랬다. 하지만 나는 저녁이면 아들과 함께 밥을 먹고, 주말과 휴일이면 손잡고 나들이를 갈 수 있는 그런 시간이 돈보다 훨씬 소중했다.

타협할 수 없는 내 욕심을 실현하기 위해 나는 시골 마을에 공무원학원을 차렸다. 돈을 벌기 위한 목적도 있었지만, 그보다는 나처럼 가진 것 없고 부모의 도움을 기대하기 어려운 청년들에게 힘이 되고 싶었다. 그런 이들에게 공무원 임용은 자립을 위한 가장 현실적인 길이라는 믿음이 더 컸다.

보통 2~3년씩 준비한다는 공무원 시험을 나는 두 달 남짓 공부하고 한 번에 붙은 경험이 있다. 그 뒤로 10년 넘게 수험서를 본 적은 없지만, 가끔 재미 삼아 풀어본 문제도 늘 합격권 점수가 나왔다. 그래서 자신 있었다. 누구든 성실히 내 방식만 따라온다면, 1년 안에 충분히 공무원으로 임용될 수 있다고 믿었다.

공부라는 건 결국 요령을 알고 옆에서 잘 챙겨주는 사람이 있다면, 스스로 해낼 수 있는 일이라 생각했다. 하나부터 열까지 다 가르치는 게 중요한 것이 아니라, 방향을 잡아 주고 길을 함께 걸어 주는 것이 더 중요하다고 여겼다.

첫 수강생이 들어왔고, 이어서 두 명, 세 명. 조금씩 늘어나는 학생들에게 나는 내가 가진 노하우를 하나씩 전수해 나갔다. 그런데 곧 문제가 드러나기 시작했다. 시골이다 보니, 내가 생각하기에는 충분히 저렴한 수준이었던 수강료조차 감당하기 어려운 청년들이 많았다. 그렇다고 수강료를 더 낮추려면 훨씬 더 많은 학생을 받아야 하지만, 그러기에는 내가 자신이 없었다. 그나마 경제적으로 여유가 있는 몇몇 학생들이 남았지만, 나에게는 또 다른 고민이 생겼다. 그들은 자신만의 공부 방식에 대한 고집이 강했고, 내 학습 방식을 믿으려 하지 않았다. 그 방법을 고집하면 성적 향상을 기대하기 어렵다고 생각했지만, 쉽게 바꾸려 하지 않았다. 게다가 그들은 하나부터 열까지 모두 가르쳐 주는 수업을 원했다. 하지만 그런 공부법은 내 방식이 아니었고, 어린아이를 돌봐야 하는 내가 감당하기도 어려웠다. 아무리 내 방법이 합리적이고 효과적이라 해도, 결국 스스로 따라오지 않으면 소용이 없는 일이었다.

생각해 보니, 어떤 훌륭한 교사보다 청년들에게 더 큰 영향을 미치는 건 지금 시대에는 오히려 인플루언서의 말 한마디일지도 모른다고 느꼈다. 그래서 나는 학원을 잠시 멈추기로 결심했다.

남들은 내가 첫 사업을 하다 실패했다고 생각할지도 모른다. 하지만 그것은 내게 실패가 아니었다. 잠시 멈추었을 뿐, 언젠가 더 영향력 있는 사람이 되었을 때 다시 시작하자고 마음먹었기 때문이다. 언젠가 내 말에 더 큰 무게가 실릴 그때, 나는 반드시 시골에서 경제적으로 어려운 청년들에게 실질적인 도움이 되는 일을 다시 시작할 것이다. 그래서 내 첫 번째 사업은 실패가 아니라 '일시 정지'일 뿐이다.

이제 당장 아들과 함께 살아갈 현실적인 방법을 찾아야 했다. '저녁이 있는 삶'을 살겠다고 공무원을 그만둔 나에게 직장을 다시 구한다는 선택지는 처음부터 없었다. 그래서 방향을 바꿔, 초등학생 대상 영어학원을 시작했다. 수강생 수나 수익만 생각하면 당연히 중고등학생 입시학원을 운영하는 것이 자리 잡기에 유리했지만, 나는 아들과 저녁 시간을 함께 보내는 것이 더 중요했다. 마침 아들도 영어 공부가 필요했기에, 그 시기에 맞춰 영어 교습법 자격증을 따며 준비를 마쳤다.

입소문이 나며 한 명, 두 명 아이들이 늘기 시작했고, 그 과정에서 나는 흥미로운 사실을 하나 깨달았다. 아이들을 가르치는 일이 내게 정말 잘 맞는다는 걸. 우리 학원에 오는 아이들은 하나같이 이렇게 말했다.

"선생님, 저 오늘 학교에서도 학원 생각했어요. 빨리 오고 싶어서요."

아이들은 학원에 억지로 끌려온 게 아니라, 모두 스스로 오고 싶어 했다. 나는 단순히 교과 과정을 따라가는 수업이 아니라, 놀이처럼 즐기며 자연스럽게 배우는 수업을 만들었고, 아이들은 그런 수업에 점점 더 마음을 열었다.

하지만 그때부터 또 다른 고민이 시작됐다. 어느 날, 한두 명의 학생이 학원에서 욕설을 섞어 가며 아들을 괴롭히는 모습을 보게 되었다. 항상 순하기만 한 아들은 그런 상황에서도 말 한마디 대꾸하지 못한 채 묵묵히 참고만 있었다.

그 모습을 본 나는 큰 충격에 빠졌다. 아이들에게 따끔하게 혼도 내봤지만, 내가 없는 자리에서는 그런 일이 또 반복되었다. 마음 같아선 문제를 일으킨 아이를 퇴원시키고 싶었지만 쉽게 결정할 수 없었다. 작은 시골 마을에서 부모들과의 관계, 그리고 금세 퍼질 소문이 걱정되었다. 아직 어린 아이에게 너무 예민하게 반응하는 건 아닐까 하는 내 자신에 대한 의심도 들었다.

그렇게 시간이 흐르며 내 몸에 이상이 찾아왔다. 단순한 두통이 아니었다. 혈관을 꽉 조이는 듯한 고통이 하루에도 수백 번씩 밀려왔고, 그런 날들이 한 달 넘게 이어졌다. 병원에 가서 여러 검사를 받아 보았지만, 정확한 원인은 찾지 못했다. 나는 그 고통의 근원이 스트레스라는 걸 직감했다.

인생에서 처음 겪는 끝없이 이어지는 통증. 결국 나는 학원을 멈추기로 결심했다. 그리고 학원을 정리하겠다는 마음을 굳히자, 거짓말처럼 두통이 사라졌다.

마침 그 시기, 남극세종기지 월동대 채용 공고가 눈에 들어왔다. 나는 망설임 없이 지원서를 냈고, 운 좋게 합격했다.

아이들과 마지막 수업을 하고 인사를 나눴다. 내게는 너무도 소중한 아이들이었기에 인연을 중간에 멈춘다는 게 미안했고, 무척 아쉬웠다. 그렇게 나의 두 번째 사업도 멈추게 되었다. 이번에도 실패가 아니라, 잠시 멈춤이었다.

화순의 한 시골. 황금빛 논 사이에 자리한, 시골 풍경과는 어울리지 않을 만큼 화려한 북카페에서 지인과 커피를 마시던 날이었다. 무심코 책꽂이를 살피다 한 권의 책 제목이 눈에 들어왔다. 고(故) 정주영 회장의 자서전이었다.

'시련은 있어도 실패는 없다.'

그 문장을 읽는 순간, 가슴 깊은 곳에서 벅찬 감정이 차올랐다. 아들에게, 그리고 지금 이 순간에도 실패 앞에서 주저앉고 싶은 청년들에게, 나 역시 꼭 전하고 싶은 말이었다.

실패는 포기하는 순간에만 붙는 이름이다. 아직 포기하지 않았다면, 그것은 실패가 아니라 단지 '아직 성공하지 못한 상태'일 뿐이다. 빨리 가느냐, 천천히 가느냐의 차이는 있을 수 있다. 그러나 끝까지 가겠다는 의지만 있다면 언젠가는 반드시 도착하게 된다. 그래서 나는 지금도 스스로에게 이렇게 말한다.

"나는 아직 실패하지 않았다. 그리고 반드시 성공할 것이다."

아들아, 혹시라도 아빠가 무언가를 시도하다 멈추는 모습을 본다면, 그건 실패해서가 아니라 더 나은 시작을 준비하고 있는 거란다. 언젠가 너도 삶의 길 위에서 수많은 도전과 멈춤을 겪겠지만, 포기하지 않는 한 너 역시 절대 실패한 게 아니란 걸 기억해 줬으면 좋겠다.

"아들아. 시련은 있어도 실패는 없단다. 그러니 네 길도 멈추지 말고 끝까지 가보렴.
아빠가 늘 네 곁에서 응원할게."

18. 아직은, 네 곁에 더 있어야 하는 이유

며칠 전, 늦은 오후였다. 갑자기 코피가 쏟아졌다. '흘렀다'는 표현으로는 부족했다. 정말 '쏟아졌다'는 말이 딱이었다 . 급히 휴지를 움켜쥐고 코를 틀어막았다. 한참 동안 움직이지 못한 채 서 있었다. 30분쯤 지나서야 겨우 피가 멎었고, 그제야 안도의 숨을 내쉴 수 있었다.

그날 밤, 아들을 재우고 나도 잠이 든 사이였다. 자고 있는데, 코에서 뭔가 주르륵 흘러내리는 기분이 들었다. 순간 눈이 번쩍 떠졌다. 휴지를 들고 황급히 화장실로 달려갔다.

거울 속 내 모습은 낮과 다르지 않았다. 다시 한쪽 코에서 검붉은 피가 주르륵, 이번에도 멈출 기미 없이 흘러내리고 있었다.

올해 들어 부쩍 바쁘게 살았고, 몸도 예전처럼 버텨 주지 않는다는 걸 느끼고 있었다. 그래도 한때는 테니스 선수였던 내가 아닌가. 체력만큼은 누구보다 자신 있었다.

그런데 한 달 넘게 이어지던 두통 끝에, 코피까지 찾아오니 더 불안했다. 게다가 이렇게 잦은 코피는 코흘리개 시절 이후 처음이었다. 그것도 그냥 흐르는 정도가 아니었다. 코안에서 피떡이 딸려 나올 만큼 깊은 출혈이었다. 가슴 한편이 서늘해졌다. 심장은 쿵쾅거리며 내 안에서 요동쳤고, 불안이 천천히 그러나 확실하게 밀려들었다.

'내 몸이 왜 이러지?'

두려움이 처음으로 고개를 들었다. 휴지로 겨우 지혈을 마친 뒤, 나는 다시 침대에 누웠다.

불 꺼진 방 안. 나는 이불 속에서 핸드폰을 꺼냈다. 그리고 무심코 검색창을 열었다.

'한쪽 코 코피', '두통 후 코피' 이런 단어들을 입력하며 이곳저곳을 뒤졌다. 그런데 하필, 눈에 들어온 건 '부비동암' 관련 글이었다.

'코 안쪽 깊숙한 부위, 목구멍과 맞닿는 곳에 암이 생기면 한쪽 코에서 피가 날 수 있다. 코피가 자주 나면 병원에서 꼭 정밀 검사를 받아야 한다.'

스크롤을 내리던 손이 멈추고, 머릿속은 순식간에 얼어붙었다.

그전까지는 아무렇지 않게 넘기던 화면이었는데, 이제는 손끝 하나 움직일 수 없었다. 가슴 안쪽으로 짙고 무거운 불안이 번져 왔다. 눈을 감아도 잠은 오지 않았다. 머릿속에는 온갖 상상이 떠다녔다. 아니, 스스로 그 상상을 막을 수가 없었다. 두려움은 이미 내 안에서 시작되고 있었다.

3년 전 아내와 헤어진 뒤, 아들과 나는 단둘이 살아왔다. 이제 아들도 그런 삶에 익숙해졌다. 일주일에 한 번 엄마 집에서 하루 자고 오지만, 나머지 모든 시간은 우리 둘이었다. 그런데 만약, 정말 만약 내가 갑자기 세상과 작별하게 된다면? 그땐 이 아이는... 어떻게 살아가게 될까. 그 생각에 마음 한편이 서늘해졌다.

물론 아이 엄마도 아들을 많이 사랑하고, 아들도 엄마를 잘 따른다. 둘만 남는다고 해도 어쩌면 큰 문제 없이 잘 지낼지도 모른다. 하지만, 아들은 분명 빈자리를 느낄 것이다. 아직은 너무 어린 나이니까. 그 생각이 스치자 가슴이 다시 먹먹해졌다. 더 이상 부정적인 상상은 하지 말자고 스스로를 다독이며, 억지로 눈을 감았다.

다행히 아침에는 코피가 나지 않았다. 지혈이 잘된 듯했고, 불안했던 마음도 조금은 가라앉아 있었다. 얼른 아들을 깨워 아침을 차려 먹이고, 손을 꼭 잡고 함께 집을 나섰다.

아들을 학교에 바래다주고 돌아온 후, '몸을 조금 움직이면 괜찮겠지' 싶어 실내 자전거에 올랐다.

50분쯤 지났을까. 이상하게 기분이 쎄하더니, 갑자기 또다시 한쪽 코에서 피가 쏟아졌다. 숨이 멎을 뻔했다. 본능적으로 코를 틀어막은 채 화장실로 달려갔다.

거울 앞에 서서 양손으로 코를 막은 채 피를 닦아내며 버티고 있었다. 두 손은 바들바들 떨렸고, 거울 속 내 눈은 두려움에 휘감겨 있었다. 머릿속에선 어젯밤 읽었던 암 관련 글이 다시 또렷하게 떠올랐다. 한 글자, 한 문장, 차가운 단어들이 머릿속을 가득 채웠다. 그리고 나도 모르게 중얼거리고 있었다.

"아직 안 되는데... 진짜 그건가...? 아직은... 안 되는데..."

정말, 별의별 생각이 다 들었다.

피는 멈출 기미도 없이 계속 흘러내렸고, 불안은 점점 커져만 갔다. 곰곰이 생각해 보니, 아주 어릴 적을 빼면 커피를 흘려 본 기억조차 없었다. 그런 내가 하루 동안 벌써 세 번이나 커피를 쏟다니―정말 평범한 일이 아니었다. 서둘러 지혈을 하고 병원 갈 채비를 하면서도, 마음 한편에서는 이런 생각이 떠나지 않았다.

'아직 초등학교 4학년인 아들을 혼자 두고, 내가 먼저 가면 안 되는데…'

그렇게 생각한 순간, 더 이상 참을 수 없었다. 아무도 없는 집에서, 나는 세상을 향해 할 수 있는 욕이란 욕을 다 쏟아냈다.

온갖 욕을 다 내뱉으면서도 한편으론 참 다행이라는 생각이 들었다. 2년 전, 아들이 초등학교 2학년이었을 때 우리 부자 단둘이 자동차를 타고 러시아에서 아프리카까지, 그 먼 길을 함께 여행했다.

지금 돌이켜보면, 그 시간이 얼마나 소중했는지 새삼 절실하게 느껴졌다.

'정말 다행이다. 그때 떠나서. 만약 그때 내가 '바쁘다. 다음에 가자'고 했더라면 여행 한 번 못 가보고 아이에게 평생 미안했겠지. 그래도 우린 함께 했잖아. 여행도 했고, 영상도 남겼고, 책도 만들었고… 시간이 흘러도 그 기억들은 아들 마음속에 오래 남아 있겠지. 진짜… 천만다행이다. XX!'

입에선 거친 말이 터져 나오고, 눈가엔 눈물이 고였다. 그 와중에도 두 손은 여전히 부들부들 떨리고 있었다. 나는 그렇게 뒤엉킨 감정을 안고 병원으로 향했다.

가까운 종합병원에 도착했지만 하필 그곳에는 이비인후과 전문의가 없었다. 당황한 채 복도를 서성이다가 휴대폰을 꺼내 근처 다른 병원을 검색했고, 망설임 없이 전화를 걸었다.

"며칠 전부터 한쪽 코에서 코피가 계속 쏟아져요. 진단이나 치료할 장비가 있나요?"

수화기 너머 간호사의 답이 돌아왔다.

"아, 저희는 그런 장비가 없는데요. 옆에 ○○이비인후과로 가 보세요. 거긴 있어요."

망설일 틈도 없이 발걸음을 옮겼다. 접수를 마치고 진료실에 들어섰다.

그런데 의사는 흔한 감기 환자라도 대하듯 무심한 목소리로 말했다.

"피로 때문에 혈관이 터진 거예요."

간단한 치료가 이어졌지만, 내 마음은 여전히 놓이지 않았다.

밤새 '부비동암'이라는 단어에 사로잡혀 있던 터였다. 망설이다가 조심스럽게 입을 열었다.

"혹시... 다른 검사는 안 해도 될까요? 암이라든가... 그런 건 아닐까요?"

그 순간, 의사와 간호사가 슬쩍 눈을 마주쳤다. 마치 속으로 웃음을 터뜨리는 듯한 표정이었다. 내 눈에는 그 장면이 또렷하게 들어왔다.

"그런 건 아니에요. 괜찮아요."

불친절하다고 느껴질 만큼 짧고 단호한 말. 하지만 그 한마디가 내 안에 맴돌던 불안을 조금은 진정시켜 주었다.

진료실을 나서며 나는 가볍게 숨을 내쉬었다. 불안이 완전히 사라진 건 아니었지만, 그래도 마음은 한결 가벼워졌다. 병원을 나서던 발걸음 위로 혼잣말이 흘렀다.

'아들이 어릴 때. 더 곁에 있어 주고. 더 함께 놀고.

더 많이 가르쳐 주고 싶다.'

불과 한 시간 전만 해도 나는 이 세상과 작별할지도 모른다는 상상에 사로잡혀 있었다.

그만큼 내 마음은 위태로웠고, 작은 증상 하나에도 죽음을 떠올릴 만큼 흔들리고 있었다.

하지만 곰곰이 생각해 보니 정작 두려운 건 내 죽음 자체가 아니었다. 정말 무서운 건 아직 어린 아들을 두고 너무 일찍 떠나야 할지도 모른다는 사실이었다.

나는 열두 살에 아버지를 잃었다. 그래서 누구보다 절실하게 알고 있다. 그 나이에 부모의 부재가 어떤 상처로 남는지, 그리고 그 상처가 얼마나 오래 가는지를. 그래서 더 간절히 바랐다. 적어도 내 아들에게만큼은 그런 슬픔을 물려주고 싶지 않았다. 그런데 오늘, 단 몇 시간 사이에 그런 일이 우리에게도 닥칠 수 있다는 현실 앞에서 나는 두 손이 벌벌 떨렸다. 옷에 단추 하나 제대로 꿰지 못할 만큼, 그 두려움은 내 온몸을 집어삼켰다.

결국엔 해피엔딩이었다. 별일 아니라며 웃어넘길 수도 있었지만, 그 짧은 시간은 내게 아주 큰 깨달음을 남겼다. '다음'은 늘 있는 게 아니란 사실. 그래서 우리는 지금, 이 순간을 더 깊이 사랑해야 한다. 그리고 그날, 두 손을 부들부들 떨며 병원으로 향하던 길에서 나는 간절히 기도했다.

'하나님. 저희는 2년 뒤, 아들 초등학교 6학년이 되는 해에 아메리카 대륙 종단 여행을 떠날 겁니다. 그때까지만… 제발. 그때까지만은 건강하게 살게 해주세요.'

아들아. 아빠는 아직 더 살아야 해. 네 곁에서 더 오래 웃고, 더 오래 손을 잡고 싶거든. 오늘 하루도 아빠는 그 바람 하나로 살아간단다.

19. 부끄럽지 않은 아버지로 산다는 것

나는 아들과 함께 100개국을 여행하기로 결심했다. 명문대에 보내고, 의사나 변호사 같은 좋은 직업을 갖게 이끄는 대신, 왜 하필 '여행'을 선택했을까? 그렇다고 명문대나 전문직을 가볍게 여긴 건 아니다.

자녀가 공부를 잘해 명문대에 진학하고 사회적으로 인정받는 직업을 갖게 된다면, 부모로서 그보다 든든하고 자랑스러운 일이 또 있을까. 하지만 나는 그렇게 되기 위해 얼마나 많은 것을 포기해야 하고, 어떤 고통을 감내해야 하는지 누구보다 잘 알고 있다. 그리고 공부는 노력만으로는 안 되고, 타고난 재능이 크게 작용한다는 사실 또한 경험으로 익히 알고 있다.

나는 공부가 재미있었다. 운동을 하느라 친구들보다 늦게 시작했지만, 하루 종일 책상에 앉아 있는 게 힘들다고 느낀 적은 없었다. 책을 읽고 공부한 만큼 성적이 오르는 과정이 즐거웠고, 시험을 앞두면 오히려 기대와 설렘이 느껴질 정도였다.

하지만 우리 아들은 나의 어린 시절 모습과는 많이 달랐다. 책을 통해 새로운 걸 아는 것보다 신나게 뛰어노는 걸 훨씬 더 좋아했다. 또래 아이들과 어울리는 걸 좋아하고, 처음 만나는 친구에게도 금세 마음을 열었다. 익숙하지 않은 환경을 낯설어하는 아이들과 달리, 어디를 가든 누구를 만나든 거리낌 없이 어울릴 줄 아는 아이였다.

나는 어릴 적 딱히 놀거리도 없고 장난감 하나 제대로 가진 적도 없어, 어디서 얻은 건지 모를 낡은 전집을 꺼내 읽곤 했다. 위인전, 동화, 단편소설 등 집에 있는 책이란 책은 모조리 읽었고, 마루에 누워 주인공이 된 듯한 상상을 하며 시간을 보내곤 했다. 하지만 우리 아들은 책을 가까이할 수 있는 환경에 살면서도, 책보다 바깥세상에서 뛰어노는 걸 훨씬 더 좋아했다.

그렇다고 해서 내가 아들의 머리를 나쁘다고 생각하거나, 벌써부터 기대치를 낮추며 포기한 것은 결코 아니다. 어쩌면 내 생각이 틀렸을지도 모른다. 언젠가 나처럼 늦게라도 공부의 재미를 깨닫고, 내 예상을 뛰어넘어 더 깊이 있게 빠져들 날이 올 수도 있다.

그래서 나는 이렇게 다짐했다.

"노는 게 싫어질 때까지, 함께 마음껏 놀자."

형제 없이 자라는 아들에게 내가 외로움을 조금이라도 덜어줄 수 있다면, 내 시간을 아낌없이 나눠주고 싶었다. 나 역시 무한한 시간을 가진 존재가 아니기에, 어린 시절에만 함께 쌓을 수 있는 추억을 최대한 많이 만들자고 다짐했다. 사춘기가 찾아와 아들이 서서히 내 손을 놓으려 할 즈음이면, 그때는 다시 돈을 벌러 나가면 된다고 생각했다.

지금까지 우리는 42개 나라를 함께 걸었다. 아직 가보지 못한 58개 나라가 우리를 기다리고 있다. 아들이 6학년이 되면 아메리카 대륙으로 떠나 20여 개국을 여행할 계획이다.

그리고 중학생이 되면 다시 유라시아로 건너가 중앙아시아와 아프리카까지 함께 걸으며, 마침내 '100개국 여행'이라는 우리의 약속을 완성할 것이다.

나는 아들이 여행하는 나라마다 친구 한 명씩 사귀었으면 한다. 브라질 하면 단순히 축구만 떠올리는 것이 아니라, 아마존의 열대우림과 포르투갈어를 쓰게 된 역사까지 함께 기억할 수 있었으면 좋겠다. 미국은 풍요의 상징으로만 보는 대신, 자본주의가 남긴 그늘도 함께 마주하길 바란다. 아이슬란드에서 화산이 폭발하면 그곳에 사는 친구에게 안부 전화를 걸고, 인도네시아에 쓰나미가 닥치면 도와주고 싶은 얼굴이 떠오르는 아이로 자랐으면 좋겠다.

그리고 인도에서는 잘 차려입은 사람과 거리에서 손을 벌리는 아이가 왜 그렇게 다른 삶을 살고 있는지, 무엇이 그 차이를 만들어냈는지 직접 눈으로 보고, 가슴으로 느끼게 해주고 싶다. 세상의 사건들이 단순한 뉴스로 스쳐 지나가는 것이 아니라, 누군가의 일상과 이어지는 경험으로 남기를.

나는 잘 안다. 지금 대한민국에서 단지 공부만 잘해서는 크게 성공하기 어렵다는 것을.

공부 실력만으로는 부족하다. 그 위에 부모의 재력까지 더해져야 최상위권 성적을 유지하고, 명문대학의 문턱을 넘을 수 있다. 설령 그렇게 명문대학에 들어간다 해도, 좋은 직장을 얻기 위해서는 또다시 돈이 필요하다. 인턴 경험, 어학연수, 스펙을 쌓는 그 모든 과정에 시간과 노력만큼이나 막대한 비용이 들어간다.

결혼도 다르지 않다. 사랑만으로는 부족하다. 집값, 예물, 결혼식, 신혼여행… 사랑을 이어가려면 결국 남부럽지 않은 돈이 필요하다.

나는 안다. 내 형편으로는 아들에게 중·고등학교 때 학원비 정도는 겨우 보태줄 수 있을지 몰라도, 성인이 된 뒤까지 남들처럼 아낌없이 도와주기는 어렵다는 것을. 그래서 다짐했다. 돈 대신 경험을 주기로. 그래서 나는, 그 학원비 정도의 돈을 아들에게 투자해 '경험 부자'로 키우고 싶다. 세상을 바라보는 안목, 그리고 아빠와 함께한 진짜 추억. 그것이 내가 아들에게 주고 싶은, 그리고 줄 수 있는 유일한 자산이다.

세상은 넓고, 할 일은 끝없이 많다. 하지만 나는 그 사실을 너무 늦게야 깨달았다.

어린 시절 아버지가 나를 품에 안고 더 넓은 세상을 보여주셨더라면, 지금의 나는 아마 전혀 다른 길을 걸었을지도 모른다. 그래서 나는 아들에게, 내가 뻗을 수 있는 한 있는 힘껏 들어 올려 조금이라도 더 멀리, 더 넓은 세상을 보여주고 싶다. 아빠는 이만큼밖에 못 봤지만, 너는 저 멀리까지 바라보고 당당하게 걸어가길 바란다.

그것이 아빠가 너에게 바라는 전부다.

1990년 9월.

아버지가 돌아가시기 한 달쯤 전이었던 걸로 기억한다. 그날, 아버지는 마루에 나를 앉혀놓고 이런저런 이야기를 들려주셨다. 평소엔 무뚝뚝하고 말수가 적은 분이셨는데, 그날따라 유난히 다정했고 말씀도 많으셨다.

젊은 시절 일하러 다니셨던 나라들 이야기였다. 사우디에서 일하시던 시절을 회상하며 아랍어 숫자를 스무 개도 넘게 외워 들려주셨고, 원양어선을 타고 바다를 돌며 머무르셨던 태평양의 따뜻한 나라 풍경도 생생히 그려내셨다. 그 이야기를 들으며 나는 마치 달나라 이야기를 듣는 아이처럼 눈을 반짝였다. 그리고 속으로 생각했다.

'우리 아빠 참 멋지다'

그렇게 멀리까지 가본 사람이라는 게 부럽기도 했고, 무엇보다 참 자랑스러웠다.

하지만 그때의 나는 상상조차 하지 못했다. 아버지가 다녀온 그런 나라들을 언젠가 나도 직접 갈 수 있을 거라고는.

충남 아산군 염치읍 서원리.

우리는 깊은 시골에 살고 있었고, 집안 형편이 넉넉지 않다는 사실을 열두 살 어린 마음에도 이미 알고 있었기 때문이다.

지금 우리 아들은 아직 모른다. 하지만 언젠가는 알게 되겠지. 아빠의 재력이 얼마나 되는지, 친구네 아빠 차보다 아빠 차가 얼마나 값싼지, 우리집이 친구네 집보다 얼마나 작고 가진 것이 적은지를. 곧 깨닫게 될 것이다.

하지만 아들아, 부끄러워하지 마라. 아빠가 남들보다 조금 늦고 어렵게 시작했을 뿐, 결코 녹록한 인생을 살아온 건 아니었다. 대통령 직인이 찍힌 임명장도 받았고, 남들이 부러워하는 자리에 서 본 적도 있었다. 누구에게 내세울 만한 삶은 아닐지라도, 감히 부끄럽다고 할 인생은 아니었다. 그리고 무엇보다도, 아빠가 이 세상 그 누구보다 자신 있게 말할 수 있는 건 너를 향한 사랑만큼은 단연 1등이라는 사실이다.

그러니 아들아. 언제 어디서든 당당하게 어깨 펴고 살아라. 그 누구보다 널 믿고 응원하는 아빠가 언제나 네 곁에 있으니.

20. 인생이여 만세!

"인생이여, 만세!"

3년 전, 우리 부자는 러시아 시베리아에서 출발해 유럽과 아시아, 아프리카까지 자동차로 달렸다. 그리고 매일 아침 시동을 걸 때마다 같은 노래를 틀었다.

콜드플레이의 「Viva La Vida」.

스페인어로 '인생이여, 만세!'라는 뜻을 가진 이 노래는 단순히 리듬이 경쾌해서 고른 건 아니었다. 그 속에는 삶에 대한 뜨거운 외침이 담겨 있었다.

이 노래의 제목은 멕시코의 국민 화가 프리다 칼로의 마지막 작품 중 하나였던 수박 그림에 적힌 문구에서 비롯되었다. 그녀는 1954년, 세상을 떠나기 몇 달 전에도 "Viva La Vida"라고 외쳤다.

프리다는 어린 시절 교통사고로 척추와 다리에 큰 부상을 입었고, 평생 고통과 싸우며 살아야 했다. 침대에 누운 채 거울을 보며 자신의 비참한 모습을 수없이 화폭에 담아야 했지만, 그 아픔을 숨기지 않았다. 오히려 상처를 정면으로 마주하며 누구보다 뜨겁고 치열한 삶을 그려냈다. 콜드플레이는 그런 그녀의 삶에서 영감을 받아, 고통 속에서도 삶을 찬미하는 이 노래를 만들어냈다.

나는 프리다 칼로의 삶을 바라볼 때마다, 이상하리만큼 내 인생이 겹쳐 보였다.

나 역시 어린 시절 어른들의 무관심 속에 방치된 채 상처를 끌어안고 자랐다. 사춘기엔 늘 배가 고팠고, 세상살이는 막막했다. 어른이 되고 나서도 꿈보다는 생존이 먼저였다.

하지만 나도 멈추지 않았다. 프리다가 끝까지 붓을 놓지 않았듯, 나 또한 삶을 붙들고 버텨냈다. 좌절이 밀려올 때마다 스스로를 다독이며 되뇌었다.

"조금만 더 해보자. 지금이 끝은 아니야."

그리고 마침내, 너와 함께 떠난 그 여행길에서 매일 아침 차 안에 울려 퍼지던 「Viva La Vida」는 단순한 배경 음악이 아니었다. 그 노래는 내 인생을 상징하는 작은 깃발 같았다. 바람에 흔들려도 꺾이지 않고, 때로는 지쳐도 다시 일어서는 삶에 대한 나의 외침이자 다짐이었다.

아들과 다시 떠날 여행길에도 우리는 여전히 이 노래를 듣게 될 것이다. 이제는 아들도 익숙한 전주만 들리면 '이제 출발이구나'하며 자연스레 몸을 들썩인다. 길을 걷다 우연히 이 노래가 들려오면, 아빠와 함께했던 그 여행들을 떠올리게 되겠지. 가사가 무슨 뜻인지는 몰라도, 누가 불렀는지 잊혀지더라도, 그 멜로디만큼은 기분 좋은 기억으로 남아 어느새 콧노래처럼 흘러나올 노래.

그러다 언젠가 어른이 되어 잠시 멈춰 서는 날, 그 노래가 문득 다시 궁금해질 것이다. 제목과 가사, 그리고 그 안에 담긴 뜻을 찾아보는 날도 올지 모른다.

그때는 알았으면 좋겠다. 아빠는 너에게, 프리다의 붓처럼, 콜드플레이의 가사처럼, 살아내는 일의 고단함 속에서도 끝내 지켜낸 단단함을 고스란히 물려주고 싶었다는 것을.

아들아, 세상은 결코 만만하지 않단다.

부당한 일도 많고, 가진 게 없다는 이유만으로 억울한 순간을 마주하게 될지도 몰라.

하지만 절대 주저앉지 마라. 아빠가 그랬듯, 프리다가 그랬듯, 너도 반드시, 너만의 방식으로 그 순간을 이겨낼 수 있을 거야.

지금은 아직 어릴지 몰라도, 언젠가 이 노래를 다시 듣게 될 날이 올 거야.

그때 이 노래, 이 목소리가 너의 가슴에 다시 말을 걸어오기를 바란다.

"Viva La Vida.(인생이여, 만세.)"

너의 아빠는 그렇게 살아냈단다.

그리고 너도, 그렇게 단단하게 살아가기를 바란다.

[유튜브 영상보기] →

아들아, 삶의 무게가 너무 무거워 도저히 버틸 수 없을 때는 잠시 멈춰 하늘을 바라보렴. 구름 사이로 스며드는 햇살이 얼마나 따뜻한지, 그 너머 푸른 하늘이 얼마나 깊고 아름다운지를. 산등성이 너머 붉게 저무는 태양빛이 가슴에 얼마나 큰 감동을 안겨주는지를 느껴보렴.

그리고 기억하렴. 이 좁은 대한민국 땅에서 누가 더 잘났는지, 누가 더 많이 가졌는지를 따지며 자랑하고 또 시기하는 일이 얼마나 덧없는지를. 우리가 사는 이 땅, 이 지구조차 끝없는 우주 속에서는 한 점의 먼지에 불과하단다.

그 사실을 깨닫는 순간, 세상의 다툼도 허세도 질투도 모두 얼마나 무의미한 것인지 알게 될 거야.

영원한 건 없단다. 우리는 이 작은 지구 위에 잠시 머물다가는 먼지 같은 존재일 뿐이야. 그래서 하루하루를 더욱 소중히 살아야 한단다. 아빠는 그래서, 한 번이라도 더 너에게 사랑한다고 말해주고 싶고, 한 번이라도 더 너를 꼭 안아주고 싶다. 그리고 한 번이라도 더 네 손을 잡고, 이 작지만 아름다운 지구를 함께 여행하고 싶단다, 아들아.

지금 이 순간, 아빠의 마음이 언젠가는 너의 마음속에 닿기를 바란다.

우리는 우주 속에서 우연히 스쳐 가는 먼지 같은 존재일지도 몰라.

하지만 그런 먼지가 서로를 만나 함께 웃고, 사랑하고, 추억을 나눌 수 있다는 건 얼마나 놀랍고도 귀한 기적인지, 너도 언젠가 알게 되겠지.

너는 내 인생에 그런 기적 같은 존재다. 사랑한다, 아들아.

"우리가 가진 모든 역사와 사랑과 전쟁, 모든 인간의 삶은 저 창백한 푸른 점 위에서 이루어졌습니다." — 칼 세이건, 『코스모스』의 저자이자 미국 천문학자

[유튜브 영상보기] →

SEOUL 17,240KM
P.ARENAS 1,240KM
MT.VIDEO 3,060KM
B.AIRES 3,080KM
SANTIAGO 3,410KM
TOKYO 16,790KM
BEIJING 17,510KM

epilogue. 그럼에도 불구하고, 살아가자!

epilogue. 그럼에도 불구하고, 살아가자!

아들아, 그리고 이 책을 읽고 있는 당신에게.

이제야 나는 이 글을 마무리한다. 긴 숨처럼 한 줄 한 줄 써 내려간 이 이야기들은 너에게, 그리고 지난 시간을 함께 건너온 나 자신에게 보내는 편지였다. 그리고 이 책을 펼친 당신에게도, 내가 건네는 따뜻한 악수가 되었으면 한다.

우리는 살아가며 수없이 무너지고, 수없이 일어서곤 한다. 누구나 봄날은 온다고 말하지만, 그 봄을 기다리는 시간이 때론 너무 추워 포기하고 싶은 순간이 있다.

나도 그랬다. 버거운 현실에 무릎 꿇고 싶은 날들이 있었고, 모두가 등을 돌린 듯한 적막한 밤도 있었다. 하지만, 그럼에도 불구하고 나는 살아냈다.

이 책 속 이야기들처럼, 나도 넘어졌고, 상처를 입었으며 수없이 포기하고 싶었다.

하지만 결국 다시 길을 나섰고, 무언가를 믿었다. 아들을 믿었고, 내 안에 아직 꺼지지 않은 단단한 무언가를 믿었다. 세상이 나를 알아주지 않아도 괜찮았다. 내가 나를 외면하지 않는 한, 나는 끝내 살아남을 수 있었으니까.

아들아, 아빠는 늘 완벽하지 못했다. 너를 위해, 그리고 나 자신을 위해 몸부림쳤지만 언제나 서툴렀고 지금도 여전히 그렇다. 그러나 그 서툰 삶마저도 끝내 포기하지 않았기에, 오늘 이렇게 이 글을 너에게 남길 수 있는 거란다.

너는 아빠보다 훨씬 더 큰 세상을 보고 자라거라. 그리고 언젠가 길이 막힌 듯 느껴질 때, 좌절의 강물이 앞을 가로막을 때, 그때 이 글이 너를 안아주길 바란다.

그리고 혼자라고 느끼는 당신에게도 전하고 싶다.
당신은 혼자가 아니다. 이 책을 펼친 순간, 당신은 이미 누군가의 진심과 이미 이어져 있다. 당신이 얼마나 오래, 얼마나 힘겹게 버티고 있는지를 아는 사람은 많지 않겠지만, 적어도 나는 알고 있다. 어쩌면 우리 모두는 그렇게 버티며, 저마다의 따뜻한 봄날을 기다리고 있는지도 모른다.

아들아, 그리고 이 글을 읽고 있는 당신에게.
살아가자. 세상이 아무리 차갑고 불공평할지라도, 우리에게는 이 작지만 단단한 목소리 하나가 있다.
"그럼에도 불구하고, 살아가자."

하루하루는 때로 버거울 만큼 무거웠지만, 돌아보면 그 모든 날들이 가장 치열하게 빛났던 순간이었다. 나의 겨울은 끝나지 않을 것 같았지만, 결국에는 봄이 찾아왔다.

아직 꽃 피지 못한 가지도 언젠가는 꽃을 피운다. 살아 있기만 한다면, 그저 살아가기만 한다면, 반드시 봄날은 온다.

이런 말이 있다.
"하늘이 장차 그 사람에게 큰일을 맡기려 할 때는,
반드시 먼저 그 마음을 괴롭히고,
뼈와 근육을 수고롭게 하며,
몸을 굶주리게 하고,
생활을 궁핍하게 하며,
하는 일마다 어지럽게 만든다."

그렇게 함으로써 마음을 단련하고 참을성을 기르게 하며,
마침내 할 수 없던 일까지 해내게 하려는 것이다.

『맹자』, 고자하

그러니. 아들아. 그리고 이 글을 읽는 당신.
기억하자. 봄은 반드시 온다는 것을.
그리고 살아 있다는 사실만으로도 이미 우리는 충분히 멋지다는 것을.

그럼에도 불구하고.
살아가자.

그리고 지구 반대편의 기억들

▲ 2015년 12월, 귀국 사진
첫 번째 남극월동 후 1년 만에 만난 아들

▲ 2024년 11월 27일, 출국 전날
아들과 작별을 앞두고 '화순 책방오다'에서

▲ 2024년 12월, 칠레 푼타아레나스 마젤란 동상
동상의 발을 만지면 이곳에 다시 온다는 속설이 있다

▲ 2024년 12월, 남극행 비행기
칠레 푼타 아레나스는 남극으로 가는 관문이다

▲ 2024년 12월 3일,
한국에서 출발한지 5일 만에 세종기지에 도착했다

▲ 대기관측실
대기과학 대원의 주 업무 공간이다

▲ 월동대 숙소
1년간 생활한 내 방

▲ 창밖 풍경
내 방 창문으로 바라본 풍경, 멀리 마리안소만 빙하가 보인다

▲ 출근 길 풍경
대기과학 대원은 매일 빙하를 바라보며 출근한다

▲ 정기보급선
보급품을 실은 칠레 선박, 한국에서부터 도착하기까지
약 3개월이 걸린다

▲ 하역작업
1년간 생활할 물품과 연구장비를 옮기는 모습

▲ 합동차례
설날 차례상을 준비하는 제38차 김원준 대장

▲ 대원 요리
휴일마다 3명씩 팀을 이뤄 조리 대원 대신 음식을 준비한다

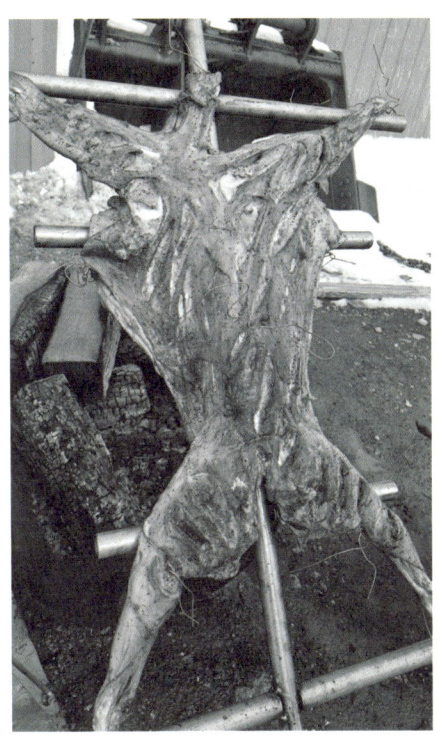

◀ 아사도 파티
월동 중 한 번은 양고기 바비큐 파티를 연다

온더빙하(On the Iceberg) ▶
빙하와 함께 마시는 위스키

아들과 복싱 ▶
아들은 11살부터
화순 천사체육관에서 복싱을 시작했다

◀ 육상 대회 출전
처음으로 선수에 선발된 아들

▲ 펭귄연구 활동
10년 만에 다시 찾은 펭귄마을

▲ 2025년 2월, 어린 턱끈펭귄
성장 중이라 아직 솜털이 남아 있다

▲ 펭귄 유치원
어린 젠투펭귄들만 해변에 모여 있다

▲ 남극 크릴
빙하가 무너지면 산소가 부족해 크릴이 집단 폐사하기도 한다

▲ 남극 지의류
혹독한 추위와 건조한 환경에서도 살아남는 공생 생물(균류와 조류)

▲ 웨델해표
남극 육상동물 중 가장 온순하다

▲ 남극물개
해표와 달리 무리를 이루고 성격이 공격적이다

▲ 필데스반도의 여러 기지
언덕 아래에 러시아와 칠레 기지가 보인다

▲ 칠레 에스쿠데로(Escudero) 연구기지
하계기지로 운영되다 2025년부터 월동기지로 바뀌었다

▲ 러시아 벨링스하우젠(Bellingshausen) 기지
역대 기상 대원들과 함께
(좌측부터) 고경준 기상대원, 러시아 기상대원, 저자, 2015년 러시아 기상대원

▲ 중국 장성(Great Wall) 기지
세종기지에서 10km 떨어진 필데스반도에 있다

▲ 2015년, 우루과이 아르티가스(Artigas) 기지
왼쪽에서 세 번째가 초피(Chopi) 대원

▲ 2025년, 10년만의 재회
10년 만에 우루과이 초피(Chopi) 대원을 다시 만났다

▲ 아르헨티나 칼리니(Carlini) 기지
세종기지에서 6km 떨어진 포터 반도에 있다

▲ 펭귄마을 비상대피소
야외 연구 활동 중 비상시 대피하는 장소이다

▲ 위버반도
비상대피소 앞에서 만난 거대한 빙산

▲ 겨울철 풍경
눈에 뒤덮인 유류탱크, 기지에는 총 6개의 유류탱크가 설치돼 있다

▲ 세종기지 밤하늘
세종봉 위로 보이는 은하수 (사진 고용수)

▲ 설상차
남극기지의 주요 교통수단으로 사용된다 (사진 고용수)

▲ 해상운항 지원
보트 운항 시 전신 구명복 착용과 보조사 탑승은 필수이다

▲ 블리자드(Blizzard)
초속 15m 이상의 바람과 눈으로 시야가 400m 이하로 제한되는 현상

▲ 중간 보급
6개월 만에 칠레 쇄빙선을 통해 신선식품을 보급 받았다

▲ 외국인 연구원
세종기지에 머문 포르투갈 연구팀과 연구반 대원들 (사진 고용수)

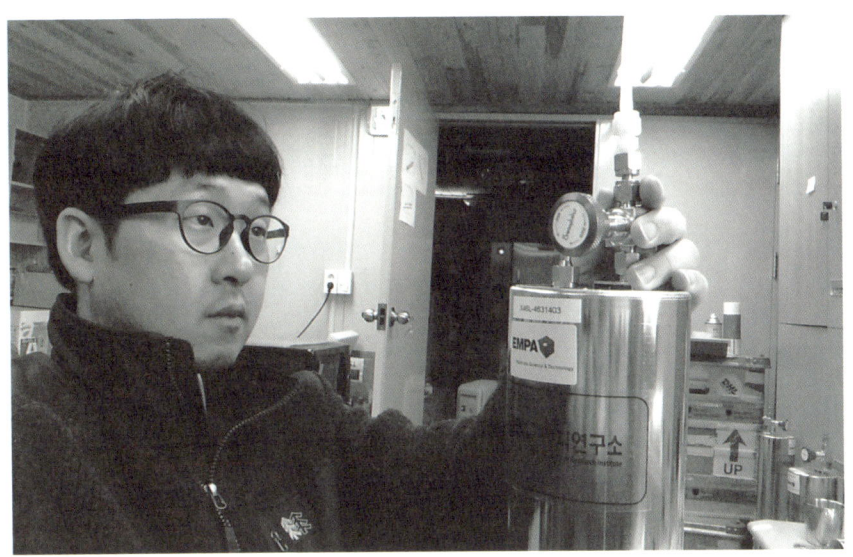

▲ 대기과학 연구원
대기 대원은 탄소와 오존, 에어로졸 등
다양한 대기 성분을 관측한다

▲ 기상 대원(고경준)
월동대의 일과는 기상예보로부터 시작된다

▲ 생물 연구원(우재호)
눈시료 채집 활동 (사진 우재호)

▲ 해양 연구원(김종훈)
해수 분석 활동 (사진 박설민)

▲ 지질, 지구물리 연구원(고용수)
지반조사 활동 (사진 고용수)

▲ 고층대기 연구원(안승민)
유성관측 활동 (사진 고용수)

▲ 총무반 대원들
(좌측부터) 장재원, 황의현, 김원준, 방성규, 이희영

▲ 유지반 대원들
(좌측부터) 황대하, 양지훈, 노기영, 이성수, 민진홍, 서준영, 안진현

▲ 남극의 제설 작업
겨울철에는 단체 제설 작업을 자주 해야 한다

▲ 제38차 월동연구대
월동대원은 18명으로 구성된다 (사진 고용수)

▲ 연구반 대원들
(좌측 상단부터 시계방향) 고경준, 오영식,
안승민, 김종훈, 우재호, 고용수 (사진 고용수)

▲ 제38차 연구반장 겸 대기과학 연구원 오영식 (사진 고용수)

▲ 마리안소만 빙하
세종기지에서 3km 떨어져 있으며 지구온난화로 매년 약 30m씩 무너지며 후퇴 하고 있다

▲ 남극세종과학기지
서울에서 17,240km 떨어진 지구 반대편에 있다.

SEOUL 17,240KM
P.ARENAS 1,240KM
MT.VIDEO 3,060KM
B.AIRES 3,080KM
SANTIAGO 3,410KM
TOKYO 16,790KM
BEIJING 17,510KM

postscript. 엄마에게

postscript. 엄마에게

며칠 전 새벽, 한 통의 전화를 받았다.

내가 남극으로 출국한 뒤 올해 초, 엄마가 폐암 진단을 받고 대학병원에서 치료를 받아오셨다는 소식이었다. 내가 알면 남극 생활에 지장이 있을까 봐 지금까지 모두 함구해왔다는 말도 함께였다. 잘 버티며 치료받던 엄마가 이번 달 호스피스 병동으로 옮겨졌고, 지난 주말부터는 섬망 증세가 심해져 병원에서는 마음의 준비를 하라고 했다.

한국으로 돌아가기까지 아직 50여 일. 그 안에는 이곳을 떠날 항공편조차 없다. 임종을 앞둔 홀어머니 곁에 가지 못하는 아들은 매일 무너지는 가슴을 부여잡고 버티는 중이다. 무력함이, 그리고 죄책감이, 날 계속 채찍질한다.

엄마는 내가 아홉 살 무렵 아빠와 헤어지고 집을 떠나셨다.

그리고 스무 살이 되어 다시 함께 살기 시작했지만, 학교와 직장 때문에 성인이 된 이후 엄마와 한집에 산 시간은 1년도 채 되지 않았다. 그래서일까. 엄마는 내가 마흔이 넘어도 늘 어린 시절의 이야기만 반복하곤 하셨다. 함께하지 못한 청소년기의 공백을, 기억으로라도 채우려는 듯이.

서로를 이해하지 못한 날도 많았다. 떨어져 지낸 세월이 길어서일까, 우리는 가족의 정보다는 어색한 친밀함 속에 머물렀다.

그래도 나를 낳아준 어머니니까 잘해드려야 한다는 '의무감'으로 엄마를 모셔왔다. 환갑이 넘으신 뒤 외롭다고 자주 말씀하시던 엄마를 내가 살던 곳 근처로 이사 오게 하고, 매주 손자와 함께 식사도 하고 나들이도 다녔다.

하지만 그때도 내 마음 어딘가에는 늘 빈자리가 있었다.

어릴 적 엄마에 대한 따뜻한 기억이 거의 없었기에, 나는 그저 '해야 하는 일'을 하듯 엄마를 대했는지도 모른다.

그리고 며칠 전, 영상통화로 본 엄마의 얼굴은 낯설 만큼 변해 있었다.

백발의 수척한 얼굴, 어눌한 말투, 초점 잃은 눈동자.

엄마는 연신 나에게 "누구냐"고 물으셨다.

그 순간, 모든 걸 내려놓고 달려가고 싶었다.

손을 잡고 "엄마, 나 영식이야. 왜 나를 몰라봐?"라고 울부짖고 싶었다.

나 좀 똑바로 봐달라고, 단 한 번만이라도 기억해달라고 애원하고 싶었다.

하지만 지금 나는 아무것도 할 수 없다.

그저 남극의 하얀 밤하늘 아래에서, 멀리 병실의 불빛을 상상하며 기도할 뿐이다.

나는 좋은 아들도, 좋은 아빠도 아닐지 모른다.

그래도 제발, 내가 돌아갈 때까지만 조금만 더 버텨줬으면 좋겠다.

"엄마, 조금만 더 기다려. 영식이가 곧 갈게. 엄마 원래 튼튼하잖아. 기다릴 수 있지?

사랑해, 엄마."

2025년 10월 31일
하나뿐인 아들, 영식이가

남극에서 쓴 아빠의 일기

1판 1쇄 발행 2025년 11월 17일

지은이 오영식

교정 황윤　**편집** 차민정　**마케팅·지원** 이창민

펴낸곳 하움출판사　**펴낸이** 문현광
이메일 haum1000@naver.com　**홈페이지** haum.kr
블로그 blog.naver.com/haum1000　**인스타** @haum1007

ISBN 979-11-7374-238-5(03810)

좋은 책을 만들겠습니다.
하움출판사는 독자 여러분의 의견에 항상 귀 기울이고 있습니다.
파본은 구입처에서 교환해 드립니다.

이 책은 저작권법에 따라 보호받는 저작물이므로 무단전재와 무단복제를 금지하며,
이 책 내용의 전부 또는 일부를 이용하려면 반드시 저작권자의 서면동의를 받아야 합니다.